RUSSO
VOCABULÁRIO

PALAVRAS MAIS ÚTEIS

PORTUGUÊS RUSSO

Para alargar o seu léxico e apurar as suas competências linguísticas

5000 palavras

Vocabulário Português-Russo - 5000 palavras
Por Andrey Taranov

Os vocabulários da T&P Books destinam-se a ajudar a aprender, a memorizar, e a rever palavras estrangeiras. O dicionário é dividido em temas, cobrindo todas as principais esferas de atividades quotidianas, negócios, ciência, cultura, etc.

O processo de aprendizagem, utilizando os dicionários baseados em temáticas da T&P Books dá-lhe as seguintes vantagens:

- Informação de origem corretamente agrupada predetermina o sucesso em fases subsequentes da memorização de palavras
- Disponibilização de palavras derivadas da mesma raiz, o que permite a memorização de unidades de texto (em vez de palavras separadas)
- Pequenas unidades de palavras facilitam o processo de estabelecimento de vínculos associativos necessários para a consolidação do vocabulário
- O nível de conhecimento da língua pode ser estimado pelo número de palavras aprendidas

Copyright © 2019 T&P Books Publishing

Todos os direitos reservados. Nenhuma parte desta publicação pode ser reproduzida, total ou parcialmente, por quaisquer métodos ou processos, sejam eles eletrónicos, mecânicos, de fotocópia ou outros, sem a autorização escrita do editor. Esta publicação não pode ser divulgada, copiada ou distribuída em nenhum formato.

T&P Books Publishing
www.tpbooks.com

ISBN: 978-1-78400-929-8

Este livro também está disponível em formato E-book.
Por favor visite www.tpbooks.com ou as principais livrarias on-line.

VOCABULÁRIO RUSSO
palavras mais úteis

Os vocabulários da T&P Books destinam-se a ajudar a aprender, a memorizar, e a rever palavras estrangeiras. O vocabulário contém mais de 5000 palavras de uso comum organizadas tematicamente.

O vocabulário contém as palavras mais comummente usadas
Recomendado como adicional para qualquer curso de línguas
Satisfaz as necessidades dos iniciados e dos alunos avançados de línguas estrangeiras
Conveniente para o uso diário, sessões de revisão e atividades de auto-teste
Permite avaliar o seu vocabulário

Características especias do vocabulário

- As palavras estão organizadas de acordo com o seu significado, e não por ordem alfabética
- As palavras são apresentadas em três colunas para facilitar os processos de revisão e auto-teste
- As palavras compostas são divididas em pequenos blocos para facilitar o processo de aprendizagem
- O vocabulário oferece uma transcrição simples e adequada de cada palavra estrangeira

O vocabulário contém 155 tópicos incluindo:

Conceitos básicos, Números, Cores, Meses, Estações do ano, Unidades de medida, Roupas & Acessórios, Alimentos & Nutrição, Restaurante, Membros da Família, Parentes, Caráter, Sentimentos, Emoções, Doenças, Cidade, Passeios, Compras, Dinheiro, Casa, Lar, Escritório, Trabalho no Escritório, Importação & Exportação, Marketing, Pesquisa de Emprego, Desportos, Educação, Computador, Internet, Ferramentas, Natureza, Países, Nacionalidades e muito mais …

TABELA DE CONTEÚDOS

Guia de pronunciação 9
Abreviaturas 11

CONCEITOS BÁSICOS 13
Conceitos básicos. Parte 1 13

1. Pronomes 13
2. Cumprimentos. Saudações. Despedidas 13
3. Como se dirigir a alguém 14
4. Números cardinais. Parte 1 14
5. Números cardinais. Parte 2 15
6. Números ordinais 16
7. Números. Frações 16
8. Números. Operações básicas 16
9. Números. Diversos 16
10. Os verbos mais importantes. Parte 1 17
11. Os verbos mais importantes. Parte 2 18
12. Os verbos mais importantes. Parte 3 19
13. Os verbos mais importantes. Parte 4 20
14. Cores 21
15. Questões 21
16. Preposições 22
17. Palavras funcionais. Advérbios. Parte 1 22
18. Palavras funcionais. Advérbios. Parte 2 24

Conceitos básicos. Parte 2 26

19. Dias da semana 26
20. Horas. Dia e noite 26
21. Meses. Estações 27
22. Unidades de medida 29
23. Recipientes 30

O SER HUMANO 31
O ser humano. O corpo 31

24. Cabeça 31
25. Corpo humano 32

Vestuário & Acessórios 33

26. Roupa exterior. Casacos 33
27. Vestuário de homem & mulher 33

28. Vestuário. Roupa interior 34
29. Adereços de cabeça 34
30. Calçado 34
31. Acessórios pessoais 35
32. Vestuário. Diversos 35
33. Cuidados pessoais. Cosméticos 36
34. Relógios de pulso. Relógios 37

Alimentação. Nutrição 38

35. Comida 38
36. Bebidas 39
37. Vegetais 40
38. Frutos. Nozes 41
39. Pão. Bolaria 42
40. Pratos cozinhados 42
41. Especiarias 43
42. Refeições 44
43. Por a mesa 45
44. Restaurante 45

Família, parentes e amigos 46

45. Informação pessoal. Formulários 46
46. Membros da família. Parentes 46

Medicina 48

47. Doenças 48
48. Sintomas. Tratamentos. Parte 1 49
49. Sintomas. Tratamentos. Parte 2 50
50. Sintomas. Tratamentos. Parte 3 51
51. Médicos 52
52. Medicina. Drogas. Acessórios 52

HABITAT HUMANO 53
Cidade 53

53. Cidade. Vida na cidade 53
54. Instituições urbanas 54
55. Sinais 55
56. Transportes urbanos 56
57. Turismo 57
58. Compras 58
59. Dinheiro 59
60. Correios. Serviço postal 60

Moradia. Casa. Lar 61

61. Casa. Eletricidade 61

62. Moradia. Mansão	61
63. Apartamento	61
64. Mobiliário. Interior	62
65. Quarto de dormir	63
66. Cozinha	63
67. Casa de banho	64
68. Eletrodomésticos	65

ATIVIDADES HUMANAS	**66**
Emprego. Negócios. Parte 1	**66**
69. Escritório. O trabalho no escritório	66
70. Processos negociais. Parte 1	67
71. Processos negociais. Parte 2	68
72. Produção. Trabalhos	69
73. Contrato. Acordo	70
74. Importação & Exportação	71
75. Finanças	71
76. Marketing	72
77. Publicidade	73
78. Banca	73
79. Telefone. Conversação telefónica	74
80. Telefone móvel	75
81. Estacionário	75
82. Tipos de negócios	76

Emprego. Negócios. Parte 2	**78**
83. Espetáculo. Feira	78
84. Ciência. Investigação. Cientistas	79

Profissões e ocupações	**81**
85. Procura de emprego. Demissão	81
86. Gente de negócios	81
87. Profissões de serviços	82
88. Profissões militares e postos	83
89. Oficiais. Padres	84
90. Profissões agrícolas	84
91. Profissões artísticas	85
92. Várias profissões	85
93. Ocupações. Estatuto social	87

Educação	**88**
94. Escola	88
95. Colégio. Universidade	89
96. Ciências. Disciplinas	90
97. Sistema de escrita. Ortografia	90
98. Línguas estrangeiras	91

Descanso. Entretenimento. Viagens	93
99. Viagens	93
100. Hotel	93

EQUIPAMENTO TÉCNICO. TRANSPORTES	95
Equipamento técnico. Transportes	95
101. Computador	95
102. Internet. E-mail	96
103. Eletricidade	97
104. Ferramentas	97

Transportes	100
105. Avião	100
106. Comboio	101
107. Barco	102
108. Aeroporto	103

Eventos	105
109. Férias. Evento	105
110. Funerais. Enterro	106
111. Guerra. Soldados	106
112. Guerra. Ações militares. Parte 1	107
113. Guerra. Ações militares. Parte 2	109
114. Armas	110
115. Povos da antiguidade	112
116. Idade média	112
117. Líder. Chefe. Autoridades	114
118. Viloação da lei. Criminosos. Parte 1	115
119. Viloação da lei. Criminosos. Parte 2	116
120. Polícia. Lei. Parte 1	117
121. Polícia. Lei. Parte 2	118

NATUREZA	120
A Terra. Parte 1	120
122. Espaço sideral	120
123. A Terra	121
124. Pontos cardeais	122
125. Mar. Oceano	122
126. Nomes de Mares e Oceanos	123
127. Montanhas	124
128. Nomes de montanhas	125
129. Rios	125
130. Nomes de rios	126
131. Floresta	126
132. Recursos naturais	127

A Terra. Parte 2	129
133. Tempo	129
134. Tempo extremo. Catástrofes naturais	130

Fauna	131
135. Mamíferos. Predadores	131
136. Animais selvagens	131
137. Animais domésticos	132
138. Pássaros	133
139. Peixes. Animais marinhos	135
140. Amfíbios. Répteis	135
141. Insetos	136

Flora	137
142. Árvores	137
143. Arbustos	137
144. Frutos. Bagas	138
145. Flores. Plantas	139
146. Cereais, grãos	140

PAÍSES. NACIONALIDADES	141
147. Europa Ocidental	141
148. Europa Central e de Leste	141
149. Países da ex-URSS	142
150. Asia	142
151. América do Norte	143
152. América Central do Sul	143
153. Africa	144
154. Austrália. Oceania	144
155. Cidades	144

GUIA DE PRONUNCIAÇÃO

Alfabeto fonético T&P   Exemplo Russo   Exemplo Português

Consoantes

[b]	абрикос [abrikós]	barril
[d]	квадрат [kvadrát]	dentista
[f]	реформа [refórma]	safári
[g]	глина [glína]	gosto
[ʒ]	массажист [masaʒīst]	talvez
[j]	пресный [présnij]	géiser
[h], [x]	мех, Пасха [méh], [pásxa]	[h] aspirada
[k]	кратер [krátɛr]	kiwi
[l]	лиловый [lilóvij]	libra
[m]	молоко [mɔlɔkó]	magnólia
[n]	нут, пони [nút], [póni]	natureza
[p]	пират [pirát]	presente
[r]	ручей [rutʃéj]	riscar
[s]	суслик [súslik]	sanita
[t]	тоннель [tɔnélʲ]	tulipa
[ʃ]	лишайник [liʃájnik]	mês
[tʃ]	врач, речь [vrátʃ], [rétʃ]	Tchau!
[ts]	кузнец [kuznéts]	tsé-tsé
[ʃʲ]	мощность [móʃʲnostʲ]	shiatsu
[v]	молитва [mɔlítva]	fava
[z]	дизайнер [dizájner]	sésamo

Símbolos adicionais

[ʲ]	дикарь [dikárʲ]	sinal de palatalização
[·]	автопилот [aftɔ·pilót]	ponto mediano
[ˊ]	заплата [zapláta]	acento principal

Vogais acentuadas

[á]	платье [plátje]	chamar
[é]	лебедь [lébetʲ]	metal
[ǿ]	шахтёр [ʃahtǿr]	ioga
[í]	организм [ɔrganízm]	sinónimo
[ó]	роспись [róspisʲ]	lobo
[ú]	инсульт [insúlʲt]	bonita

T&P Books. Vocabulário Português-Russo - 5000 palavras

Alfabeto fonético T&P **Exemplo Russo** **Exemplo Português**

[i]	добыча [dɔbɨ̄ʧa]	sinónimo
[æ]	полиэстер [pɔliǽstɛr]	semana
[ʲú], [jú]	салют, юг [salʲút], [júg]	nacional
[ʲá], [já]	связь, я [svʲásʲ], [já]	Himalaias

Vogais não acentuadas

[a]	гравюра [gravʲúra]	som neutro, semelhante a um xevá [ə]
[e]	кенгуру [kengurú]	som neutro, semelhante a um xevá
[ə]	пожалуйста [pɔʒálǝsta]	milagre
[i]	рисунок [risúnɔk]	sinónimo
[ɔ]	железо [ʒelézɔ]	som neutro, semelhante a um xevá
[u]	вирус [vírus]	bonita
[ɨ]	первый [pérvɨj]	sinónimo
[ɛ]	аэропорт [aɛrɔpórt]	mesquita
[ʲu], [ju]	брюнет [brʲunét]	nacional
[ɪ], [jɪ]	заяц, язык [záɪʦ], [jɪzɨ̄k]	som neutro, semelhante a um xevá
[ʲa], [ja]	няня, копия [nʲánʲa], [kópija]	Himalaias

ABREVIATURAS
usadas no vocabulário

Abreviaturas do Português

adj	- adjetivo
adv	- advérbio
anim.	- animado
conj.	- conjunção
desp.	- desporto
etc.	- etecetra
ex.	- por exemplo
f	- nome feminino
f pl	- feminino plural
fem.	- feminino
inanim.	- inanimado
m	- nome masculino
m pl	- masculino plural
m, f	- masculino, feminino
masc.	- masculino
mat.	- matemática
mil.	- militar
pl	- plural
prep.	- preposição
pron.	- pronome
sb.	- sobre
sing.	- singular
v aux	- verbo auxiliar
vi	- verbo intransitivo
vi, vt	- verbo intransitivo, transitivo
vr	- verbo reflexivo
vt	- verbo transitivo

Abreviaturas do Russo

возв	- verbo reflexivo
ж	- nome feminino
ж мн	- feminino plural
м	- nome masculino
м мн	- masculino plural
м, ж	- masculino, feminino
мн	- plural
н/пх	- verbo intransitivo, transitivo

н/св	-	aspecto perfectivo/imperfectivo
нпх	-	verbo intransitivo
нсв	-	aspecto imperfectivo
пх	-	verbo transitivo
с	-	neutro
с мн	-	neutro plural
св	-	aspecto perfectivo

CONCEITOS BÁSICOS

Conceitos básicos. Parte 1

1. Pronomes

eu	**я**	[já]
tu	**ты**	[tī]
ele	**он**	[ón]
ela	**она**	[ɔná]
ele, ela (neutro)	**оно**	[ɔnó]
nós	**мы**	[mī]
vocês	**вы**	[vī]
eles, elas	**они**	[ɔní]

2. Cumprimentos. Saudações. Despedidas

Olá!	**Здравствуй!**	[zdrástvuj]
Bom dia! (formal)	**Здравствуйте!**	[zdrástvujte]
Bom dia! (de manhã)	**Доброе утро!**	[dóbrɔe útrɔ]
Boa tarde!	**Добрый день!**	[dóbrij dénʲ]
Boa noite!	**Добрый вечер!**	[dóbrij vetʃer]
cumprimentar (vt)	**здороваться** (нсв, возв)	[zdɔróvatsa]
Olá!	**Привет!**	[privét]
saudação (f)	**привет** (м)	[privét]
saudar (vt)	**приветствовать** (нсв, пх)	[privétstvɔvatʲ]
Como vai?	**Как у вас дела?**	[kák u vás delá?]
Como vais?	**Как дела?**	[kák delá?]
O que há de novo?	**Что нового?**	[ʃtó nóvɔvɔ?]
Até à vista!	**До свидания!**	[dɔ svidánija]
Até breve!	**До скорой встречи!**	[dɔ skórɔj fstrétʃi]
Adeus! (sing.)	**Прощай!**	[prɔʃáj]
Adeus! (pl)	**Прощайте!**	[prɔʃájte]
despedir-se (vr)	**прощаться** (нсв, возв)	[prɔʃátsa]
Até logo!	**Пока!**	[pɔká]
Obrigado! -a!	**Спасибо!**	[spasíbɔ]
Muito obrigado! -a!	**Большое спасибо!**	[bɔlʲʃóe spasíbɔ]
De nada	**Пожалуйста**	[pɔʒáləsta]
Não tem de quê	**Не стоит благодарности**	[ne stóit blagɔdárnɔsti]
De nada	**Не за что**	[né za ʃtɔ]
Desculpa!	**Извини!**	[izviní]
Desculpe!	**Извините!**	[izviníte]

desculpar (vt)	извинять (нсв, пх)	[izvinʲátʲ]
desculpar-se (vr)	извиняться (нсв, возв)	[izvinʲátsa]
As minhas desculpas	Мои извинения	[mɔí izvinénija]
Desculpe!	Простите!	[prɔstíte]
perdoar (vt)	прощать (нсв, пх)	[prɔʃátʲ]
Não faz mal	Ничего страшного	[nitʃevó stráʃnɔvɔ]
por favor	пожалуйста	[pɔʒálǝsta]
Não se esqueça!	Не забудьте!	[ne zabútʲte]
Certamente! Claro!	Конечно!	[kɔnéʃnɔ]
Claro que não!	Конечно нет!	[kɔnéʃnɔ nét]
Está bem! De acordo!	Согласен!	[sɔglásen]
Basta!	Хватит!	[hvátit]

3. Como se dirigir a alguém

Desculpe (para chamar a atenção)	Извините	[izviníte]
senhor	господин	[gɔspɔdín]
senhora	госпожа	[gɔspɔʒá]
rapariga	девушка	[dévuʃka]
rapaz	молодой человек	[mɔlɔdój tʃelɔvék]
menino	мальчик	[málʲtʃik]
menina	девочка	[dévɔtʃka]

4. Números cardinais. Parte 1

zero	ноль	[nólʲ]
um	один	[ɔdín]
dois	два	[dvá]
três	три	[trí]
quatro	четыре	[tʃetīre]
cinco	пять	[pʲátʲ]
seis	шесть	[ʃæstʲ]
sete	семь	[sémʲ]
oito	восемь	[vósemʲ]
nove	девять	[dévıtʲ]
dez	десять	[désıtʲ]
onze	одиннадцать	[ɔdínatsatʲ]
doze	двенадцать	[dvenátsatʲ]
treze	тринадцать	[trinátsatʲ]
catorze	четырнадцать	[tʃetīrnatsatʲ]
quinze	пятнадцать	[pitnátsatʲ]
dezasseis	шестнадцать	[ʃɛsnátsatʲ]
dezassete	семнадцать	[semnátsatʲ]
dezoito	восемнадцать	[vɔsemnátsatʲ]
dezanove	девятнадцать	[devitnátsatʲ]
vinte	двадцать	[dvátsatʲ]
vinte e um	двадцать один	[dvátsatʲ ɔdín]

vinte e dois	двадцать два	[dvátsatʲ dvá]
vinte e três	двадцать три	[dvátsatʲ trí]
trinta	тридцать	[trítsatʲ]
trinta e um	тридцать один	[trítsatʲ ɔdín]
trinta e dois	тридцать два	[trítsatʲ dvá]
trinta e três	тридцать три	[trítsatʲ trí]
quarenta	сорок	[sórɔk]
quarenta e um	сорок один	[sórɔk ɔdín]
quarenta e dois	сорок два	[sórɔk dvá]
quarenta e três	сорок три	[sórɔk trí]
cinquenta	пятьдесят	[pɪtʲdesʲát]
cinquenta e um	пятьдесят один	[pɪtʲdesʲát ɔdín]
cinquenta e dois	пятьдесят два	[pɪtʲdesʲát dvá]
cinquenta e três	пятьдесят три	[pɪtʲdesʲát trí]
sessenta	шестьдесят	[ʃɛstʲdesʲát]
sessenta e um	шестьдесят один	[ʃɛstʲdesʲát ɔdín]
sessenta e dois	шестьдесят два	[ʃɛstʲdesʲát dvá]
sessenta e três	шестьдесят три	[ʃɛstʲdesʲát trí]
setenta	семьдесят	[sémʲdesɪt]
setenta e um	семьдесят один	[sémʲdesɪt ɔdín]
setenta e dois	семьдесят два	[sémʲdesɪt dvá]
setenta e três	семьдесят три	[sémʲdesɪt trí]
oitenta	восемьдесят	[vósemʲdesɪt]
oitenta e um	восемьдесят один	[vósemʲdesɪt ɔdín]
oitenta e dois	восемьдесят два	[vósemʲdesɪt dvá]
oitenta e três	восемьдесят три	[vósemʲdesɪt trí]
noventa	девяносто	[devɪnóstɔ]
noventa e um	девяносто один	[devɪnóstɔ ɔdín]
noventa e dois	девяносто два	[devɪnóstɔ dvá]
noventa e três	девяносто три	[devɪnóstɔ trí]

5. Números cardinais. Parte 2

cem	сто	[stó]
duzentos	двести	[dvésti]
trezentos	триста	[trísta]
quatrocentos	четыреста	[tʃetĩresta]
quinhentos	пятьсот	[pɪtʲsót]
seiscentos	шестьсот	[ʃɛstʲsót]
setecentos	семьсот	[semʲsót]
oitocentos	восемьсот	[vɔsemʲsót]
novecentos	девятьсот	[devɪtʲsót]
mil	тысяча	[tĩsɪtʃa]
dois mil	две тысячи	[dve tĩsɪtʃi]
De quem são ...?	три тысячи	[trí tĩsɪtʃi]

dez mil	десять тысяч	[désɪtʲ tĩsʲatʃ]
cem mil	сто тысяч	[stó tĩsɪtʃ]
um milhão	миллион (м)	[milión]
mil milhões	миллиард (м)	[miliárd]

6. Números ordinais

primeiro	первый	[pérvij]
segundo	второй	[ftɔrój]
terceiro	третий	[trétij]
quarto	четвёртый	[tʃetvʉ́rtij]
quinto	пятый	[pʲátij]
sexto	шестой	[ʃɛstój]
sétimo	седьмой	[sedʲmój]
oitavo	восьмой	[vɔsʲmój]
nono	девятый	[devʲátij]
décimo	десятый	[desʲátij]

7. Números. Frações

fração (f)	дробь (ж)	[drópʲ]
um meio	одна вторая	[ɔdná ftɔrája]
um terço	одна третья	[ɔdná trétja]
um quarto	одна четвёртая	[ɔdná tʃetvʉ́rtaja]
um oitavo	одна восьмая	[ɔdná vɔsʲmája]
um décimo	одна десятая	[ɔdná desʲátaja]
dois terços	две третьих	[dve trétjih]
três quartos	три четвёртых	[trí tʃetvʉ́rtih]

8. Números. Operações básicas

subtração (f)	вычитание (с)	[vɪtʃitánie]
subtrair (vi, vt)	вычитать (нсв, пх)	[vɪtʃitátʲ]
divisão (f)	деление (с)	[delénie]
dividir (vt)	делить (нсв, пх)	[delítʲ]
adição (f)	сложение (с)	[slɔʒǽnie]
somar (vt)	сложить (св, пх)	[slɔʒítʲ]
adicionar (vt)	прибавлять (нсв, пх)	[pribavlʲátʲ]
multiplicação (f)	умножение (с)	[umnɔʒǽnie]
multiplicar (vt)	умножать (нсв, пх)	[umnɔʒátʲ]

9. Números. Diversos

| algarismo, dígito (m) | цифра (ж) | [tsĩfra] |
| número (m) | число (с) | [tʃisló] |

numeral (m)	числительное (с)	[tʃislítelʲnɔe]
menos (m)	минус (м)	[mínus]
mais (m)	плюс (м)	[plʲús]
fórmula (f)	формула (ж)	[fórmula]

cálculo (m)	вычисление (с)	[vitʃislénie]
contar (vt)	считать (нсв, пх)	[ʃitátʲ]
calcular (vt)	подсчитывать (нсв, пх)	[pɔtʃítivatʲ]
comparar (vt)	сравнивать (нсв, пх)	[srávnivatʲ]

Quanto, -os, -as?	Сколько?	[skólʲkɔ?]
soma (f)	сумма (ж)	[súmma]
resultado (m)	результат (м)	[rezulʲtát]
resto (m)	остаток (м)	[ɔstátɔk]

alguns, algumas …	несколько	[néskɔlʲkɔ]
um pouco de …	мало	[málɔ]
resto (m)	остальное (с)	[ɔstalʲnóe]
um e meio	полтора	[pɔltɔrá]
dúzia (f)	дюжина (ж)	[dʲúʒina]

ao meio	пополам	[pɔpɔlám]
em partes iguais	поровну	[pórɔvnu]
metade (f)	половина (ж)	[pɔlɔvína]
vez (f)	раз (м)	[rás]

10. Os verbos mais importantes. Parte 1

abrir (vt)	открывать (нсв, пх)	[ɔtkrivátʲ]
acabar, terminar (vt)	заканчивать (нсв, пх)	[zakántʃivatʲ]
aconselhar (vt)	советовать (нсв, пх)	[sɔvétɔvatʲ]
adivinhar (vt)	отгадать (св, пх)	[ɔdgadátʲ]
advertir (vt)	предупреждать (нсв, пх)	[predupreʒdátʲ]

ajudar (vt)	помогать (нсв, пх)	[pɔmɔgátʲ]
almoçar (vi)	обедать (нсв, нпх)	[ɔbédatʲ]
alugar (~ um apartamento)	снимать (нсв, пх)	[snimátʲ]
amar (vt)	любить (нсв, пх)	[lʲubítʲ]
ameaçar (vt)	угрожать (нсв, пх)	[ugrɔʒátʲ]

anotar (escrever)	записывать (нсв, пх)	[zapísivatʲ]
apressar-se (vr)	торопиться (нсв, возв)	[tɔrɔpítsa]
arrepender-se (vr)	сожалеть (нсв, нпх)	[sɔʒilétʲ]
assinar (vt)	подписывать (нсв, пх)	[pɔtpísivatʲ]

atirar, disparar (vi)	стрелять (нсв, нпх)	[strelʲátʲ]
brincar (vi)	шутить (нсв, нпх)	[ʃutítʲ]
brincar, jogar (crianças)	играть (нсв, нпх)	[igrátʲ]
buscar (vt)	искать … (нсв, пх)	[iskátʲ …]
caçar (vi)	охотиться (нсв, возв)	[ɔhótitsa]

cair (vi)	падать (нсв, нпх)	[pádatʲ]
cavar (vt)	рыть (нсв, пх)	[rïtʲ]
cessar (vt)	прекращать (нсв, пх)	[prekraʃátʲ]

chamar (~ por socorro)	звать (нсв, пх)	[zvátʲ]
chegar (vi)	приезжать (нсв, нпх)	[prieʑʑátʲ]
chorar (vi)	плакать (нсв, нпх)	[plákatʲ]
começar (vt)	начинать (нсв, пх)	[natʃinátʲ]
comparar (vt)	сравнивать (нсв, пх)	[srávnivatʲ]
compreender (vt)	понимать (нсв, пх)	[pɔnimátʲ]
concordar (vi)	соглашаться (нсв, возв)	[sɔɡlaʃátsa]
confiar (vt)	доверять (нсв, пх)	[dɔverʲátʲ]
confundir (equivocar-se)	путать (нсв, пх)	[pútatʲ]
conhecer (vt)	знать (нсв, пх)	[znátʲ]
contar (fazer contas)	считать (нсв, пх)	[ʃitátʲ]
contar com (esperar)	рассчитывать на ... (нсв)	[raʃʃítivatʲ na ...]
continuar (vt)	продолжать (нсв, пх)	[prɔdɔlʑátʲ]
controlar (vt)	контролировать (нсв, пх)	[kɔntrɔlírɔvatʲ]
convidar (vt)	приглашать (нсв, пх)	[priɡlaʃátʲ]
correr (vi)	бежать (н/св, нпх)	[beʑátʲ]
criar (vt)	создать (св, пх)	[sɔzdátʲ]
custar (vt)	стоить (нсв, пх)	[stóitʲ]

11. Os verbos mais importantes. Parte 2

dar (vt)	давать (нсв, пх)	[davátʲ]
dar uma dica	подсказать (св, пх)	[pɔtskazátʲ]
decorar (enfeitar)	украшать (нсв, пх)	[ukraʃátʲ]
defender (vt)	защищать (нсв, пх)	[zaʃiʃátʲ]
deixar cair (vt)	ронять (нсв, пх)	[rɔnʲátʲ]
descer (para baixo)	спускаться (нсв, возв)	[spuskátsa]
desculpar (vt)	извинять (нсв, пх)	[izvinʲátʲ]
desculpar-se (vr)	извиняться (нсв, возв)	[izvinʲátsa]
dirigir (~ uma empresa)	руководить (нсв, пх)	[rukɔvɔdítʲ]
discutir (notícias, etc.)	обсуждать (нсв, пх)	[ɔpsuʑdátʲ]
dizer (vt)	сказать (нсв, пх)	[skazátʲ]
duvidar (vt)	сомневаться (нсв, возв)	[sɔmnevátsa]
encontrar (achar)	находить (нсв, пх)	[nahɔdítʲ]
enganar (vt)	обманывать (нсв, пх)	[ɔbmánivatʲ]
entrar (na sala, etc.)	входить (нсв, нпх)	[fhɔdítʲ]
enviar (uma carta)	отправлять (нсв, пх)	[ɔtpravlʲátʲ]
errar (equivocar-se)	ошибаться (нсв, возв)	[ɔʃibátsa]
escolher (vt)	выбирать (нсв, пх)	[vibirátʲ]
esconder (vt)	прятать (нсв, пх)	[prʲátatʲ]
escrever (vt)	писать (нсв, пх)	[pisátʲ]
esperar (o autocarro, etc.)	ждать (нсв, пх)	[ʑdátʲ]
esperar (ter esperança)	надеяться (нсв, возв)	[nadéɪtsa]
esquecer (vt)	забывать (нсв, пх)	[zabivátʲ]
estudar (vt)	изучать (нсв, пх)	[izutʃátʲ]
exigir (vt)	требовать (нсв, пх)	[trébɔvatʲ]
existir (vi)	существовать (нсв, нпх)	[suʃestvɔvátʲ]

explicar (vt)	объяснять (нсв, пх)	[ɔbjɪsnʲátʲ]
falar (vi)	говорить (нсв, н/пх)	[gɔvɔrítʲ]
faltar (clases, etc.)	пропускать (нсв, пх)	[prɔpuskátʲ]
fazer (vt)	делать (нсв, пх)	[délatʲ]
ficar em silêncio	молчать (нсв, нпх)	[mɔltʃátʲ]
gabar-se, jactar-se (vr)	хвастаться (нсв, возв)	[hvástatsa]
gostar (apreciar)	нравиться (нсв, возв)	[nrávitsa]
gritar (vi)	кричать (нсв, нпх)	[kritʃátʲ]
guardar (cartas, etc.)	сохранять (нсв, пх)	[sɔhranʲátʲ]
informar (vt)	информировать (н/св, пх)	[infɔrmírɔvatʲ]
insistir (vi)	настаивать (нсв, нпх)	[nastáivatʲ]
insultar (vt)	оскорблять (нсв, пх)	[ɔskɔrblʲátʲ]
interessar-se (vr)	интересоваться (нсв, возв)	[interesɔvátsa]
ir (a pé)	идти (нсв, нпх)	[itʲtí]
ir nadar	купаться (нсв, возв)	[kupátsa]
jantar (vi)	ужинать (нсв, нпх)	[úʒinatʲ]

12. Os verbos mais importantes. Parte 3

ler (vt)	читать (нсв, н/пх)	[tʃitátʲ]
libertar (cidade, etc.)	освобождать (нсв, пх)	[ɔsvɔbɔʒdátʲ]
matar (vt)	убивать (нсв, пх)	[ubivátʲ]
mencionar (vt)	упоминать (нсв, пх)	[upɔminátʲ]
mostrar (vt)	показывать (нсв, пх)	[pɔkázivatʲ]
mudar (modificar)	изменить (св, пх)	[izmenítʲ]
nadar (vi)	плавать (нсв, нпх)	[plávatʲ]
negar-se a …	отказываться (нсв, возв)	[ɔtkázivatsa]
objetar (vt)	возражать (нсв, н/пх)	[vɔzraʒátʲ]
observar (vt)	наблюдать (нсв, н/пх)	[nablʲudátʲ]
ordenar (mil.)	приказывать (нсв, пх)	[prikázivatʲ]
ouvir (vt)	слышать (нсв, пх)	[slɪʃatʲ]
pagar (vt)	платить (нсв, н/пх)	[platítʲ]
parar (vi)	останавливаться (нсв, возв)	[ɔstanávlivatsa]
participar (vi)	участвовать (нсв, нпх)	[utʃástvɔvatʲ]
pedir (comida)	заказывать (нсв, пх)	[zakázivatʲ]
pedir (um favor, etc.)	просить (нсв, пх)	[prɔsítʲ]
pegar (tomar)	брать (нсв), взять (св)	[brátʲ], [vzʲátʲ]
pensar (vt)	думать (нсв, н/пх)	[dúmatʲ]
perceber (ver)	замечать (нсв, пх)	[zametʃátʲ]
perdoar (vt)	прощать (нсв, пх)	[prɔʃátʲ]
perguntar (vt)	спрашивать (нсв, пх)	[spráʃivatʲ]
permitir (vt)	разрешать (нсв, пх)	[razreʃátʲ]
pertencer a …	принадлежать … (нсв, нпх)	[prinadleʒátʲ …]
planear (vt)	планировать (нсв, пх)	[planírɔvatʲ]
poder (vi)	мочь (нсв, нпх)	[mótʃ]
possuir (vt)	владеть (нсв, пх)	[vladétʲ]
preferir (vt)	предпочитать (нсв, пх)	[pretpɔtʃitátʲ]

preparar (vt)	готовить (нсв, пх)	[gotóvitʲ]
prever (vt)	предвидеть (нсв, пх)	[predvídetʲ]
prometer (vt)	обещать (н/св, пх)	[ɔbeʃátʲ]
pronunciar (vt)	произносить (нсв, пх)	[proiznɔsítʲ]
propor (vt)	предлагать (нсв, пх)	[predlagátʲ]
punir (castigar)	наказывать (нсв, пх)	[nakázivatʲ]

13. Os verbos mais importantes. Parte 4

quebrar (vt)	ломать (нсв, пх)	[lɔmátʲ]
queixar-se (vr)	жаловаться (нсв, возв)	[ʒálɔvatsa]
querer (desejar)	хотеть (нсв, пх)	[hɔtétʲ]
recomendar (vt)	рекомендовать (нсв, пх)	[rekɔmendɔvátʲ]
repetir (dizer outra vez)	повторять (нсв, пх)	[pɔftɔrʲátʲ]

repreender (vt)	ругать (нсв, пх)	[rugátʲ]
reservar (~ um quarto)	резервировать (н/св, пх)	[rezervírɔvatʲ]
responder (vt)	отвечать (нсв, пх)	[ɔtvetʃátʲ]
rezar, orar (vi)	молиться (нсв, возв)	[mɔlítsa]
rir (vi)	смеяться (нсв, возв)	[smejátsa]

roubar (vt)	красть (нсв, н/пх)	[krástʲ]
sair (~ de casa)	выходить (нсв, нпх)	[vihɔdítʲ]
salvar (vt)	спасать (нсв, пх)	[spasátʲ]
seguir ...	следовать за ... (нсв)	[slédɔvatʲ za ...]

| sentar-se (vr) | садиться (нсв, возв) | [sadítsa] |
| ser necessário | требоваться (нсв, возв) | [trébɔvatsa] |

| ser, estar | быть (нсв, нпх) | [bītʲ] |
| significar (vt) | означать (нсв, пх) | [ɔznatʃátʲ] |

| sorrir (vi) | улыбаться (нсв, возв) | [ulibátsa] |
| subestimar (vt) | недооценивать (нсв, пх) | [nedɔɔtsǽnivatʲ] |

| surpreender-se (vr) | удивляться (нсв, возв) | [udivlʲátsa] |
| tentar (vt) | пробовать (нсв, пх) | [próbɔvatʲ] |

| ter (vt) | иметь (нсв, пх) | [imétʲ] |
| ter fome | хотеть есть (нсв) | [hɔtétʲ éstʲ] |

| ter medo | бояться (нсв, возв) | [bɔjátsa] |
| ter sede | хотеть пить | [hɔtétʲ pítʲ] |

tocar (com as mãos)	трогать (нсв, пх)	[trógatʲ]
tomar o pequeno-almoço	завтракать (нсв, нпх)	[záftrakatʲ]
trabalhar (vi)	работать (нсв, нпх)	[rabótatʲ]

| traduzir (vt) | переводить (нсв, пх) | [perevɔdítʲ] |
| unir (vt) | объединять (нсв, пх) | [ɔbjedinʲátʲ] |

vender (vt)	продавать (нсв, пх)	[prɔdavátʲ]
ver (vt)	видеть (нсв, пх)	[vídetʲ]
virar (ex. ~ à direita)	поворачивать (нсв, нпх)	[pɔvɔrátʃivatʲ]

14. Cores

cor (f)	цвет (м)	[tsvét]
matiz (m)	оттенок (м)	[ɔtténɔk]
tom (m)	тон (м)	[tón]
arco-íris (m)	радуга (ж)	[ráduga]
branco	белый	[bélij]
preto	чёрный	[tʃórnij]
cinzento	серый	[sérij]
verde	зелёный	[zelǿnij]
amarelo	жёлтый	[ʒóltij]
vermelho	красный	[krásnij]
azul	синий	[sínij]
azul claro	голубой	[gɔlubój]
rosa	розовый	[rózɔvij]
laranja	оранжевый	[ɔránʒevij]
violeta	фиолетовый	[fiɔlétɔvij]
castanho	коричневый	[kɔrítʃnevij]
dourado	золотой	[zɔlɔtój]
prateado	серебристый	[serebrístij]
bege	бежевый	[béʒevij]
creme	кремовый	[krémɔvij]
turquesa	бирюзовый	[birʲuzóvij]
vermelho cereja	вишнёвый	[viʃnǿvij]
lilás	лиловый	[lilóvij]
carmesim	малиновый	[malínɔvij]
claro	светлый	[svétlij]
escuro	тёмный	[tǿmnij]
vivo	яркий	[járkij]
de cor	цветной	[tsvetnój]
a cores	цветной	[tsvetnój]
preto e branco	чёрно-белый	[tʃórnɔ-bélij]
unicolor	одноцветный	[ɔdnɔtsvétnij]
multicor	разноцветный	[raznɔtsvétnij]

15. Questões

Quem?	Кто?	[któ?]
Que?	Что?	[ʃtó?]
Onde?	Где?	[gdé?]
Para onde?	Куда?	[kudá?]
De onde?	Откуда?	[ɔtkúda?]
Quando?	Когда?	[kɔgdá?]
Para quê?	Зачем?	[zatʃém?]
Porquê?	Почему?	[pɔtʃemú?]
Para quê?	Для чего?	[dlʲa tʃevó?]

Como?	Как?	[kák?]
Qual?	Какой?	[kakój?]
Qual? (entre dois ou mais)	Который?	[kɔtórij?]
A quem?	Кому?	[kɔmú?]
Sobre quem?	О ком?	[ɔ kóm?]
Do quê?	О чём?	[ɔ tɕóm?]
Com quem?	С кем?	[s kém?]
Quanto, -os, -as?	Сколько?	[skólʲkɔ?]
De quem? (masc.)	Чей?	[tɕéj?]
De quem é? (fem.)	Чья?	[tɕjá?]
De quem são? (pl)	Чьи?	[tɕjí?]

16. Preposições

com (prep.)	с	[s]
sem (prep.)	без	[bez], [bes]
a, para (exprime lugar)	в	[f], [v]
sobre (ex. falar ~)	о	[ɔ]
antes de ...	перед	[péred]
diante de ...	перед	[péred]
sob (debaixo de)	под	[pɔd]
sobre (em cima de)	над	[nád]
sobre (~ a mesa)	на	[na]
de (vir ~ Lisboa)	из	[iz], [is]
de (feito ~ pedra)	из	[iz], [is]
dentro de (~ dez minutos)	через	[tɕérez]
por cima de ...	через	[tɕérez]

17. Palavras funcionais. Advérbios. Parte 1

Onde?	Где?	[gdé?]
aqui	здесь	[zdésʲ]
lá, ali	там	[tám]
em algum lugar	где-то	[gdé-tɔ]
em lugar nenhum	нигде	[nigdé]
ao pé de ...	у, около	[u], [ókɔlɔ]
ao pé da janela	у окна	[u ɔkná]
Para onde?	Куда?	[kudá?]
para cá	сюда	[sʲudá]
para lá	туда	[tudá]
daqui	отсюда	[ɔtsʲúda]
de lá, dali	оттуда	[ɔttúda]
perto	близко	[blískɔ]
longe	далеко	[dalekó]

perto de …	около	[ókɔlɔ]
ao lado de	рядом	[rʲádɔm]
perto, não fica longe	недалеко	[nedalekó]
esquerdo	левый	[lévɨj]
à esquerda	слева	[sléva]
para esquerda	налево	[nalévɔ]
direito	правый	[právɨj]
à direita	справа	[správa]
para direita	направо	[naprávɔ]
à frente	спереди	[spéredi]
da frente	передний	[perédnij]
em frente (para a frente)	вперёд	[fperǿd]
atrás de …	сзади	[szádi]
por detrás (vir ~)	сзади	[szádi]
para trás	назад	[nazád]
meio (m), metade (f)	середина (ж)	[seredína]
no meio	посередине	[pɔseredíne]
de lado	сбоку	[zbóku]
em todo lugar	везде	[vezdé]
ao redor (olhar ~)	вокруг	[vɔkrúg]
de dentro	изнутри	[iznutrí]
para algum lugar	куда-то	[kudá-tɔ]
diretamente	напрямик	[naprɨmík]
de volta	обратно	[ɔbrátnɔ]
de algum lugar	откуда-нибудь	[ɔtkúda-nibutʲ]
de um lugar	откуда-то	[ɔtkúda-tɔ]
em primeiro lugar	во-первых	[vɔ-pérvɨh]
em segundo lugar	во-вторых	[vɔ-ftɔrɨ́h]
em terceiro lugar	в-третьих	[f trétjih]
de repente	вдруг	[vdrúg]
no início	вначале	[vnatʃále]
pela primeira vez	впервые	[fpervɨ́je]
muito antes de …	задолго до …	[zadólgɔ dɔ …]
de novo, novamente	заново	[zánɔvɔ]
para sempre	насовсем	[nasɔfsém]
nunca	никогда	[nikɔgdá]
de novo	опять	[ɔpʲátʲ]
agora	теперь	[tepérʲ]
frequentemente	часто	[tʃástɔ]
então	тогда	[tɔgdá]
urgentemente	срочно	[srótʃnɔ]
usualmente	обычно	[ɔbɨ́tʃnɔ]
a propósito, …	кстати, …	[kstáti, …]
é possível	возможно	[vɔzmóʒnɔ]

provavelmente	вероятно	[verɔjátnɔ]
talvez	может быть	[móʒet bĭtʲ]
além disso, ...	кроме того, ...	[króme tɔvó, ...]
por isso ...	поэтому ...	[pɔǽtɔmu ...]
apesar de ...	несмотря на ...	[nesmɔtrʲá na ...]
graças a ...	благодаря ...	[blagɔdarʲá ...]
que (pron.)	что	[ʃtó]
que (conj.)	что	[ʃtó]
algo	что-то	[ʃtó-tɔ]
alguma coisa	что-нибудь	[ʃtó-nibutʲ]
nada	ничего	[nitʃevó]
quem	кто	[któ]
alguém (~ teve uma ideia ...)	кто-то	[któ-tɔ]
alguém	кто-нибудь	[któ-nibutʲ]
ninguém	никто	[niktó]
para lugar nenhum	никуда	[nikudá]
de ninguém	ничей	[nitʃéj]
de alguém	чей-нибудь	[tʃej-nibútʲ]
tão	так	[ták]
também (gostaria ~ de ...)	также	[tágʒe]
também (~ eu)	тоже	[tóʒe]

18. Palavras funcionais. Advérbios. Parte 2

Porquê?	Почему?	[potʃemú?]
por alguma razão	почему-то	[potʃemú-tɔ]
porque ...	потому, что ...	[potɔmú, ʃtó ...]
por qualquer razão	зачем-то	[zatʃém-tɔ]
e (tu ~ eu)	и	[i]
ou (ser ~ não ser)	или	[íli]
mas (porém)	но	[nó]
para (~ a minha mãe)	для	[dlʲá]
demasiado, muito	слишком	[slíʃkɔm]
só, somente	только	[tólʲkɔ]
exatamente	точно	[tótʃnɔ]
cerca de (~ 10 kg)	около	[ókɔlɔ]
aproximadamente	приблизительно	[priblizítelʲnɔ]
aproximado	приблизительный	[priblizítelʲnij]
quase	почти	[potʃtí]
resto (m)	остальное (c)	[ɔstalʲnóe]
cada	каждый	[káʒdij]
qualquer	любой	[lʲubój]
muito	много	[mnógɔ]
muitas pessoas	многие	[mnógie]
todos	все	[fsé]
em troca de ...	в обмен на ...	[v ɔbmén na ...]

em troca	взамен	[vzamén]
à mão	вручную	[vrutʃnúju]
pouco provável	вряд ли	[vrʲát lí]
provavelmente	наверное	[navérnɔe]
de propósito	нарочно	[naróʃnɔ]
por acidente	случайно	[slutʃájnɔ]
muito	очень	[ótʃenʲ]
por exemplo	например	[naprimér]
entre	между	[méʒdu]
entre (no meio de)	среди	[sredí]
tanto	столько	[stólʲkɔ]
especialmente	особенно	[ɔsóbennɔ]

Conceitos básicos. Parte 2

19. Dias da semana

segunda-feira (f)	понедельник (м)	[pɔnedélʲnik]
terça-feira (f)	вторник (м)	[ftórnik]
quarta-feira (f)	среда (ж)	[sredá]
quinta-feira (f)	четверг (м)	[tɕetvérg]
sexta-feira (f)	пятница (ж)	[pʲátnitsa]
sábado (m)	суббота (ж)	[subóta]
domingo (m)	воскресенье (с)	[vɔskresénje]
hoje	сегодня	[sevódnʲa]
amanhã	завтра	[záftra]
depois de amanhã	послезавтра	[pɔslezáftra]
ontem	вчера	[ftɕerá]
anteontem	позавчера	[pɔzaftɕerá]
dia (m)	день (м)	[dénʲ]
dia (m) de trabalho	рабочий день (м)	[rabótɕij dénʲ]
feriado (m)	праздник (м)	[práznik]
dia (m) de folga	выходной день (м)	[vihɔdnój dénʲ]
fim (m) de semana	выходные (мн)	[vihɔdnīje]
o dia todo	весь день	[vesʲ dénʲ]
no dia seguinte	на следующий день	[na sléduʃij dénʲ]
há dois dias	2 дня назад	[dvá dnʲá nazád]
na véspera	накануне	[nakanúne]
diário	ежедневный	[eʒednévnij]
todos os dias	ежедневно	[eʒednévnɔ]
semana (f)	неделя (ж)	[nedélʲa]
na semana passada	на прошлой неделе	[na próʃloj nedéle]
na próxima semana	на следующей неделе	[na sléduʃej nedéle]
semanal	еженедельный	[eʒenedélʲnij]
cada semana	еженедельно	[eʒenedélʲnɔ]
duas vezes por semana	2 раза в неделю	[dvá ráza v nedélʲu]
cada terça-feira	каждый вторник	[káʒdij ftórnik]

20. Horas. Dia e noite

manhã (f)	утро (с)	[útrɔ]
de manhã	утром	[útrɔm]
meio-dia (m)	полдень (м)	[póldenʲ]
à tarde	после обеда	[pósle ɔbéda]
noite (f)	вечер (м)	[vétɕer]
à noite (noitinha)	вечером	[vétɕerɔm]

noite (f)	ночь (ж)	[nótʃʲ]
à noite	ночью	[nótʃju]
meia-noite (f)	полночь (ж)	[pólnɔtʃʲ]

segundo (m)	секунда (ж)	[sekúnda]
minuto (m)	минута (ж)	[minúta]
hora (f)	час (м)	[tʃás]
meia hora (f)	полчаса (мн)	[pɔltʃasá]
quarto (m) de hora	четверть (ж) часа	[tʃétvertʲ tʃása]
quinze minutos	15 минут	[pitnátsatʲ minút]
vinte e quatro horas	сутки (мн)	[sútki]

nascer (m) do sol	восход (м) солнца	[vɔsxód sóntsa]
amanhecer (m)	рассвет (м)	[rasvét]
madrugada (f)	раннее утро (с)	[ránnee útrɔ]
pôr do sol (m)	закат (м)	[zakát]

de madrugada	рано утром	[ránɔ útrɔm]
hoje de manhã	сегодня утром	[sevódnʲa útrɔm]
amanhã de manhã	завтра утром	[záftra útrɔm]

hoje à tarde	сегодня днём	[sevódnʲa dnʲøm]
à tarde	после обеда	[pósle ɔbéda]
amanhã à tarde	завтра после обеда	[záftra pósle ɔbéda]

hoje à noite	сегодня вечером	[sevódnʲa vétʃerɔm]
amanhã à noite	завтра вечером	[záftra vetʃerɔm]

às três horas em ponto	ровно в 3 часа	[róvnɔ f trí tʃasá]
por volta das quatro	около 4-х часов	[ókɔlɔ tʃetīrǿh tʃasóf]
às doze	к 12-ти часам	[k dvenátsatí tʃasám]

dentro de vinte minutos	через 20 минут	[tʃéres dvátsatʲ minút]
dentro duma hora	через час	[tʃéres tʃás]
a tempo	вовремя	[vóvremʲa]

menos um quarto	без четверти …	[bes tʃétverti …]
durante uma hora	в течение часа	[f tetʃénie tʃása]
a cada quinze minutos	каждые 15 минут	[káʒdie pitnátsatʲ minút]
as vinte e quatro horas	круглые сутки	[krúglie sútki]

21. Meses. Estações

janeiro (m)	январь (м)	[jınvárʲ]
fevereiro (m)	февраль (м)	[fevrálʲ]
março (m)	март (м)	[márt]
abril (m)	апрель (м)	[aprélʲ]
maio (m)	май (м)	[máj]
junho (m)	июнь (м)	[ijúnʲ]

julho (m)	июль (м)	[ijúlʲ]
agosto (m)	август (м)	[ávgust]
setembro (m)	сентябрь (м)	[sentʲábrʲ]
outubro (m)	октябрь (м)	[ɔktʲábrʲ]

novembro (m)	ноябрь (м)	[nɔjábrʲ]
dezembro (m)	декабрь (м)	[dekábrʲ]

primavera (f)	весна (ж)	[vesná]
na primavera	весной	[vesnój]
primaveril	весенний	[vesénnij]

verão (m)	лето (с)	[létɔ]
no verão	летом	[létɔm]
de verão	летний	[létnij]

outono (m)	осень (ж)	[ósenʲ]
no outono	осенью	[ósenju]
outonal	осенний	[ɔsénnij]

inverno (m)	зима (ж)	[zimá]
no inverno	зимой	[zimój]
de inverno	зимний	[zímnij]

mês (m)	месяц (м)	[mésɪts]
este mês	в этом месяце	[v ǽtɔm mésɪtse]
no próximo mês	в следующем месяце	[f sléduʃem mésɪtse]
no mês passado	в прошлом месяце	[f próʃlɔm mésɪtse]

há um mês	месяц назад	[mésɪts nazád]
dentro de um mês	через месяц	[tʃéres mésɪts]
dentro de dois meses	через 2 месяца	[tʃéres dvá mésitsa]
todo o mês	весь месяц	[vesʲ mésɪts]
um mês inteiro	целый месяц	[tsǽlij mésɪts]

mensal	ежемесячный	[eʒemésɪtʃnij]
mensalmente	ежемесячно	[eʒemésɪtʃnɔ]
cada mês	каждый месяц	[káʒdij mésɪts]
duas vezes por mês	2 раза в месяц	[dvá ráza v mésɪts]

ano (m)	год (м)	[gód]
este ano	в этом году	[v ǽtɔm gɔdú]
no próximo ano	в следующем году	[f sléduʃem gɔdú]
no ano passado	в прошлом году	[f próʃlɔm gɔdú]

há um ano	год назад	[gót nazád]
dentro dum ano	через год	[tʃéres gód]
dentro de 2 anos	через 2 года	[tʃéres dvá góda]
todo o ano	весь год	[vesʲ gód]
um ano inteiro	целый год	[tsǽlij gód]

cada ano	каждый год	[káʒdij gód]
anual	ежегодный	[eʒegódnij]
anualmente	ежегодно	[eʒegódnɔ]
quatro vezes por ano	4 раза в год	[tʃetīre ráza v gód]

data (~ de hoje)	число (с)	[tʃisló]
data (ex. ~ de nascimento)	дата (ж)	[dáta]
calendário (m)	календарь (м)	[kalendárʲ]
meio ano	полгода	[pɔlgóda]
seis meses	полугодие (с)	[pɔlugódie]

estação (f)	сезон (м)	[sezón]
século (m)	век (м)	[vék]

22. Unidades de medida

peso (m)	вес (м)	[vés]
comprimento (m)	длина (ж)	[dliná]
largura (f)	ширина (ж)	[ʃiriná]
altura (f)	высота (ж)	[visɔtá]
profundidade (f)	глубина (ж)	[glubiná]
volume (m)	объём (м)	[ɔbjóm]
área (f)	площадь (ж)	[plóʃatʲ]
grama (m)	грамм (м)	[grám]
miligrama (m)	миллиграмм (м)	[miligrám]
quilograma (m)	килограмм (м)	[kilɔgrám]
tonelada (f)	тонна (ж)	[tónna]
libra (453,6 gramas)	фунт (м)	[fúnt]
onça (f)	унция (ж)	[úntsija]
metro (m)	метр (м)	[métr]
milímetro (m)	миллиметр (м)	[milimétr]
centímetro (m)	сантиметр (м)	[santimétr]
quilómetro (m)	километр (м)	[kilɔmétr]
milha (f)	миля (ж)	[mílʲa]
polegada (f)	дюйм (м)	[dʲújm]
pé (304,74 mm)	фут (м)	[fút]
jarda (914,383 mm)	ярд (м)	[járd]
metro (m) quadrado	квадратный метр (м)	[kvadrátnij métr]
hectare (m)	гектар (м)	[gektár]
litro (m)	литр (м)	[lítr]
grau (m)	градус (м)	[grádus]
volt (m)	вольт (м)	[vólʲt]
ampere (m)	ампер (м)	[ampér]
cavalo-vapor (m)	лошадиная сила (ж)	[lɔʃidínaja síla]
quantidade (f)	количество (с)	[kɔlítʃestvɔ]
um pouco de …	немного …	[nemnógɔ …]
metade (f)	половина (ж)	[pɔlɔvína]
dúzia (f)	дюжина (ж)	[dʲúʒina]
peça (f)	штука (ж)	[ʃtúka]
dimensão (f)	размер (м)	[razmér]
escala (f)	масштаб (м)	[maʃtáb]
mínimo	минимальный	[minimálʲnij]
menor, mais pequeno	наименьший	[naiménʲʃij]
médio	средний	[srédnij]
máximo	максимальный	[maksimálʲnij]
maior, mais grande	наибольший	[naibólʲʃij]

23. Recipientes

boião (m) de vidro	банка (ж)	[bánka]
lata (~ de cerveja)	банка (ж)	[bánka]
balde (m)	ведро (с)	[vedró]
barril (m)	бочка (ж)	[bótʃka]

bacia (~ de plástico)	таз (м)	[tás]
tanque (m)	бак (м)	[bák]
cantil (m) de bolso	фляжка (ж)	[flʲáʃka]
bidão (m) de gasolina	канистра (ж)	[kanístra]
cisterna (f)	цистерна (ж)	[tsistǽrna]

caneca (f)	кружка (ж)	[krúʃka]
chávena (f)	чашка (ж)	[tʃáʃka]
pires (m)	блюдце (с)	[blʲútse]
copo (m)	стакан (м)	[stakán]
taça (f) de vinho	бокал (м)	[bɔkál]
panela, caçarola (f)	кастрюля (ж)	[kastrʲúlʲa]

garrafa (f)	бутылка (ж)	[butɨ́lka]
gargalo (m)	горлышко (с)	[górlɨʃkɔ]

jarro, garrafa (f)	графин (м)	[grafín]
jarro (m) de barro	кувшин (м)	[kufʃín]
recipiente (m)	сосуд (м)	[sɔsúd]
pote (m)	горшок (м)	[gɔrʃók]
vaso (m)	ваза (ж)	[váza]

frasco (~ de perfume)	флакон (м)	[flakón]
frasquinho (ex. ~ de iodo)	пузырёк (м)	[puzɨrʲók]
tubo (~ de pasta dentífrica)	тюбик (м)	[tʲúbik]

saca (ex. ~ de açúcar)	мешок (м)	[meʃók]
saco (~ de plástico)	пакет (м)	[pakét]
maço (m)	пачка (ж)	[pátʃka]

caixa (~ de sapatos, etc.)	коробка (ж)	[kɔrópka]
caixa (~ de madeira)	ящик (м)	[jáʃik]
cesta (f)	корзина (ж)	[kɔrzína]

O SER HUMANO

O ser humano. O corpo

24. Cabeça

cabeça (f)	голова (ж)	[gɔlɔvá]
cara (f)	лицо (с)	[litsó]
nariz (m)	нос (м)	[nós]
boca (f)	рот (м)	[rót]
olho (m)	глаз (м)	[glás]
olhos (m pl)	глаза (мн)	[glazá]
pupila (f)	зрачок (м)	[zratʃók]
sobrancelha (f)	бровь (ж)	[brófʲ]
pestana (f)	ресница (ж)	[resnítsa]
pálpebra (f)	веко (с)	[vékɔ]
língua (f)	язык (м)	[jɪzīk]
dente (m)	зуб (м)	[zúb]
lábios (m pl)	губы (мн)	[gúbi]
maçãs (f pl) do rosto	скулы (мн)	[skúli]
gengiva (f)	десна (ж)	[desná]
palato (m)	нёбо (с)	[nǿbɔ]
narinas (f pl)	ноздри (мн)	[nózdri]
queixo (m)	подбородок (м)	[pɔdbɔródɔk]
mandíbula (f)	челюсть (ж)	[tʃélʲustʲ]
bochecha (f)	щека (ж)	[ʃeká]
testa (f)	лоб (м)	[lób]
têmpora (f)	висок (м)	[visók]
orelha (f)	ухо (с)	[úhɔ]
nuca (f)	затылок (м)	[zatīlɔk]
pescoço (m)	шея (ж)	[ʃǽja]
garganta (f)	горло (с)	[górlɔ]
cabelos (m pl)	волосы (мн)	[vólɔsi]
penteado (m)	причёска (ж)	[pritʃóska]
corte (m) de cabelo	стрижка (ж)	[stríʃka]
peruca (f)	парик (м)	[parík]
bigode (m)	усы (м мн)	[usī]
barba (f)	борода (ж)	[bɔrɔdá]
usar, ter (~ barba, etc.)	носить (нсв, пх)	[nɔsítʲ]
trança (f)	коса (ж)	[kɔsá]
suíças (f pl)	бакенбарды (мн)	[bakenbárdi]
ruivo	рыжий	[rīʒij]
grisalho	седой	[sedój]

calvo	лысый	[lɨ́sij]
calva (f)	лысина (ж)	[lɨ́sina]
rabo-de-cavalo (m)	хвост (м)	[hvóst]
franja (f)	чёлка (ж)	[tɕólka]

25. Corpo humano

mão (f)	кисть (ж)	[kístʲ]
braço (m)	рука (ж)	[ruká]
dedo (m)	палец (м)	[pálets]
polegar (m)	большой палец (м)	[bɔlʲʃój pálets]
dedo (m) mindinho	мизинец (м)	[mizínets]
unha (f)	ноготь (м)	[nógɔtʲ]
punho (m)	кулак (м)	[kulák]
palma (f) da mão	ладонь (ж)	[ladónʲ]
pulso (m)	запястье (с)	[zapʲástje]
antebraço (m)	предплечье (с)	[pretplétʃje]
cotovelo (m)	локоть (м)	[lókɔtʲ]
ombro (m)	плечо (с)	[pletʃó]
perna (f)	нога (ж)	[nɔgá]
pé (m)	ступня (ж)	[stupnʲá]
joelho (m)	колено (с)	[kɔlénɔ]
barriga (f) da perna	икра (ж)	[ikrá]
anca (f)	бедро (с)	[bedró]
calcanhar (m)	пятка (ж)	[pʲátka]
corpo (m)	тело (с)	[télɔ]
barriga (f)	живот (м)	[ʒivót]
peito (m)	грудь (ж)	[grútʲ]
seio (m)	грудь (ж)	[grútʲ]
lado (m)	бок (м)	[bók]
costas (f pl)	спина (ж)	[spiná]
região (f) lombar	поясница (ж)	[pɔjisnítsa]
cintura (f)	талия (ж)	[tálija]
umbigo (m)	пупок (м)	[pupók]
nádegas (f pl)	ягодицы (мн)	[jágɔditsɨ]
traseiro (m)	зад (м)	[zád]
sinal (m)	родинка (ж)	[ródinka]
sinal (m) de nascença	родимое пятно (с)	[rɔdímɔe pɪtnó]
tatuagem (f)	татуировка (ж)	[tatuirófka]
cicatriz (f)	шрам (м)	[ʃrám]

Vestuário & Acessórios

26. Roupa exterior. Casacos

roupa (f)	одежда (ж)	[ɔdéʒda]
roupa (f) exterior	верхняя одежда (ж)	[vérhnʲaja ɔdéʒda]
roupa (f) de inverno	зимняя одежда (ж)	[zímnʲaja ɔdéʒda]
sobretudo (m)	пальто (с)	[palʲtó]
casaco (m) de peles	шуба (ж)	[ʃúba]
casaco curto (m) de peles	полушубок (м)	[pɔluʃúbɔk]
casaco (m) acolchoado	пуховик (м)	[puhɔvík]
casaco, blusão (m)	куртка (ж)	[kúrtka]
impermeável (m)	плащ (м)	[pláʃʲ]
impermeável	непромокаемый	[neprɔmɔkáemɨj]

27. Vestuário de homem & mulher

camisa (f)	рубашка (ж)	[rubáʃka]
calças (f pl)	брюки (мн)	[brʲúki]
calças (f pl) de ganga	джинсы (мн)	[dʒīnsɨ]
casaco (m) de fato	пиджак (м)	[pidʒák]
fato (m)	костюм (м)	[kɔstʲúm]
vestido (ex. ~ vermelho)	платье (с)	[plátje]
saia (f)	юбка (ж)	[júpka]
blusa (f)	блузка (ж)	[blúska]
casaco (m) de malha	кофта (ж)	[kófta]
casaco, blazer (m)	жакет (м)	[ʒakét]
T-shirt, camiseta (f)	футболка (ж)	[futbólka]
calções (Bermudas, etc.)	шорты (мн)	[ʃórtɨ]
fato (m) de treino	спортивный костюм (м)	[spɔrtívnɨj kɔstʲúm]
roupão (m) de banho	халат (м)	[halát]
pijama (m)	пижама (ж)	[piʒáma]
suéter (m)	свитер (м)	[svítɛr]
pulôver (m)	пуловер (м)	[pulóver]
colete (m)	жилет (м)	[ʒɨlét]
fraque (m)	фрак (м)	[frák]
smoking (m)	смокинг (м)	[smóking]
uniforme (m)	форма (ж)	[fórma]
roupa (f) de trabalho	рабочая одежда (ж)	[rabótʃaja ɔdéʒda]
fato-macaco (m)	комбинезон (м)	[kɔmbinezón]
bata (~ branca, etc.)	халат (м)	[halát]

28. Vestuário. Roupa interior

roupa (f) interior	бельё (c)	[beljó]
cuecas boxer (f pl)	трусы (м)	[trusí]
cuecas (f pl)	бельё (c)	[beljó]
camisola (f) interior	майка (ж)	[májka]
peúgas (f pl)	носки (мн)	[nɔskí]
camisa (f) de noite	ночная рубашка (ж)	[nɔtʃnája rubáʃka]
sutiã (m)	бюстгальтер (м)	[bʲusgálʲter]
meias longas (f pl)	гольфы (мн)	[gólʲfi]
meia-calça (f)	колготки (мн)	[kɔlgótki]
meias (f pl)	чулки (мн)	[tʃulkí]
fato (m) de banho	купальник (м)	[kupálʲnik]

29. Adereços de cabeça

chapéu (m)	шапка (ж)	[ʃápka]
chapéu (m) de feltro	шляпа (ж)	[ʃlʲápa]
boné (m) de beisebol	бейсболка (ж)	[bejzbólka]
boné (m)	кепка (ж)	[képka]
boina (f)	берет (м)	[berét]
capuz (m)	капюшон (м)	[kapʲuʃón]
panamá (m)	панамка (ж)	[panámka]
gorro (m) de malha	вязаная шапочка (ж)	[vʲázanaja ʃápɔtʃka]
lenço (m)	платок (м)	[platók]
chapéu (m) de mulher	шляпка (ж)	[ʃlʲápka]
capacete (m) de proteção	каска (ж)	[káska]
bibico (m)	пилотка (ж)	[pilótka]
capacete (m)	шлем (м)	[ʃlém]
chapéu-coco (m)	котелок (м)	[kɔtelók]
chapéu (m) alto	цилиндр (м)	[tsilíndr]

30. Calçado

calçado (m)	обувь (ж)	[óbufʲ]
botinas (f pl)	ботинки (мн)	[bɔtínki]
sapatos (de salto alto, etc.)	туфли (мн)	[túfli]
botas (f pl)	сапоги (мн)	[sapɔgí]
pantufas (f pl)	тапочки (мн)	[tápɔtʃki]
ténis (m pl)	кроссовки (мн)	[krɔsófki]
sapatilhas (f pl)	кеды (мн)	[kédi]
sandálias (f pl)	сандалии (мн)	[sandálii]
sapateiro (m)	сапожник (м)	[sapóʒnik]
salto (m)	каблук (м)	[kablúk]

T&P Books. Vocabulário Português-Russo - 5000 palavras

par (m)	пара (ж)	[pára]
atacador (m)	шнурок (м)	[ʃnurók]
apertar os atacadores	шнуровать (нсв, пх)	[ʃnurɔvátʲ]
calçadeira (f)	рожок (м)	[rɔʒók]
graxa (f) para calçado	крем (м) для обуви	[krém dlʲa óbuvi]

31. Acessórios pessoais

luvas (f pl)	перчатки (ж мн)	[pertʃátki]
mitenes (f pl)	варежки (ж мн)	[váreʃki]
cachecol (m)	шарф (м)	[ʃárf]
óculos (m pl)	очки (мн)	[ɔtʃkí]
armação (f) de óculos	оправа (ж)	[ɔpráva]
guarda-chuva (m)	зонт (м)	[zónt]
bengala (f)	трость (ж)	[tróstʲ]
escova (f) para o cabelo	щётка (ж) для волос	[ʃɵ́tka dlʲa vɔlós]
leque (m)	веер (м)	[véer]
gravata (f)	галстук (м)	[gálstuk]
gravata-borboleta (f)	галстук-бабочка (м)	[gálstuk-bábɔtʃka]
suspensórios (m pl)	подтяжки (мн)	[pɔttʲáʃki]
lenço (m)	носовой платок (м)	[nɔsɔvój platók]
pente (m)	расчёска (ж)	[raʃɵ́ska]
travessão (m)	заколка (ж)	[zakólka]
gancho (m) de cabelo	шпилька (ж)	[ʃpílʲka]
fivela (f)	пряжка (ж)	[prʲáʃka]
cinto (m)	пояс (м)	[pójas]
correia (f)	ремень (м)	[reménʲ]
mala (f)	сумка (ж)	[súmka]
mala (f) de senhora	сумочка (ж)	[súmɔtʃka]
mochila (f)	рюкзак (м)	[rʲukzák]

32. Vestuário. Diversos

moda (f)	мода (ж)	[móda]
na moda	модный	[módnij]
estilista (m)	модельер (м)	[mɔdɛlʲér]
colarinho (m), gola (f)	воротник (м)	[vɔrɔtník]
bolso (m)	карман (м)	[karmán]
de bolso	карманный	[karmánnij]
manga (f)	рукав (м)	[rukáf]
alcinha (f)	вешалка (ж)	[véʃəlka]
braguilha (f)	ширинка (ж)	[ʃirínka]
fecho (m) de correr	молния (ж)	[mólnija]
fecho (m), colchete (m)	застёжка (ж)	[zastɵ́ʃka]
botão (m)	пуговица (ж)	[púgɔvitsa]

casa (f) de botão	петля (ж)	[petlʲá]
soltar-se (vr)	оторваться (св, возв)	[ɔtɔrvátsa]
coser, costurar (vi)	шить (нсв, н/пх)	[ʃitʲ]
bordar (vt)	вышивать (нсв, н/пх)	[vɨʃivátʲ]
bordado (m)	вышивка (ж)	[vɨʃifka]
agulha (f)	иголка (ж)	[igólka]
fio (m)	нитка (ж)	[nítka]
costura (f)	шов (м)	[ʃóf]
sujar-se (vr)	испачкаться (св, возв)	[ispátʃkatsa]
mancha (f)	пятно (c)	[pɪtnó]
engelhar-se (vr)	помяться (нсв, возв)	[pomʲátsa]
rasgar (vt)	порвать (св, пх)	[pɔrvátʲ]
traça (f)	моль (м)	[mólʲ]

33. Cuidados pessoais. Cosméticos

pasta (f) de dentes	зубная паста (ж)	[zubnája pásta]
escova (f) de dentes	зубная щётка (ж)	[zubnája ʃótka]
escovar os dentes	чистить зубы	[tʃístitʲ zúbɨ]
máquina (f) de barbear	бритва (ж)	[brítva]
creme (m) de barbear	крем (м) для бритья	[krém dlʲa britjá]
barbear-se (vr)	бриться (нсв, возв)	[brítsa]
sabonete (m)	мыло (c)	[mɨ́lɔ]
champô (m)	шампунь (м)	[ʃampúnʲ]
tesoura (f)	ножницы (мн)	[nóʒnitsɨ]
lima (f) de unhas	пилочка (ж) для ногтей	[pílɔtʃka dlʲa nɔktéj]
corta-unhas (m)	щипчики (мн)	[ʃíptʃiki]
pinça (f)	пинцет (м)	[pintsǽt]
cosméticos (m pl)	косметика (ж)	[kɔsmétika]
máscara (f) facial	маска (ж)	[máska]
manicura (f)	маникюр (м)	[manikʲúr]
fazer a manicura	делать маникюр	[délatʲ manikʲúr]
pedicure (f)	педикюр (м)	[pedikʲúr]
mala (f) de maquilhagem	косметичка (ж)	[kɔsmetítʃka]
pó (m)	пудра (ж)	[púdra]
caixa (f) de pó	пудреница (ж)	[púdrenitsa]
blush (m)	румяна (ж)	[rumʲána]
perfume (m)	духи (мн)	[duhí]
água (f) de toilette	туалетная вода (ж)	[tualétnaja vɔdá]
loção (f)	лосьон (м)	[lɔsjón]
água-de-colónia (f)	одеколон (м)	[ɔdekɔlón]
sombra (f) de olhos	тени (мн) для век	[téni dlʲa vék]
lápis (m) delineador	карандаш (м) для глаз	[karandáʃ dlʲa glás]
máscara (f), rímel (m)	тушь (ж)	[túʃ]
batom (m)	губная помада (ж)	[gubnája pɔmáda]

verniz (m) de unhas	лак (м) для ногтей	[lák dlʲa noktéj]
laca (f) para cabelos	лак (м) для волос	[lák dlʲa volós]
desodorizante (m)	дезодорант (м)	[dezodoránt]

creme (m)	крем (м)	[krém]
creme (m) de rosto	крем (м) для лица	[krém dlʲa litsá]
creme (m) de mãos	крем (м) для рук	[krém dlʲa rúk]
creme (m) antirrugas	крем (м) против морщин	[krém prótif morʃín]
creme (m) de dia	дневной крем (м)	[dnevnój krém]
creme (m) de noite	ночной крем (м)	[notʃnój krém]
de dia	дневной	[dnevnój]
da noite	ночной	[notʃnój]

tampão (m)	тампон (м)	[tampón]
papel (m) higiénico	туалетная бумага (ж)	[tualétnaja bumága]
secador (m) elétrico	фен (м)	[fén]

34. Relógios de pulso. Relógios

relógio (m) de pulso	часы (мн)	[tʃasí]
mostrador (m)	циферблат (м)	[tsiferblát]
ponteiro (m)	стрелка (ж)	[strélka]
bracelete (f) em aço	браслет (м)	[braslét]
bracelete (f) em couro	ремешок (м)	[remeʃók]

pilha (f)	батарейка (ж)	[bataréjka]
descarregar-se	сесть (св, нпх)	[séstʲ]
trocar a pilha	поменять батарейку	[pomenʲátʲ bataréjku]
estar adiantado	спешить (нсв, нпх)	[speʃítʲ]
estar atrasado	отставать (нсв, нпх)	[otstavátʲ]

relógio (m) de parede	настенные часы (мн)	[nasténnie tʃasí]
ampulheta (f)	песочные часы (мн)	[pesótʃnie tʃasí]
relógio (m) de sol	солнечные часы (мн)	[sólnetʃnie tʃasí]
despertador (m)	будильник (м)	[budílʲnik]
relojoeiro (m)	часовщик (м)	[tʃasofʃʃík]
reparar (vt)	ремонтировать (нсв, пх)	[remontírovatʲ]

Alimentação. Nutrição

35. Comida

carne (f)	мясо (с)	[mʲásɔ]
galinha (f)	курица (ж)	[kúritsa]
frango (m)	цыплёнок (м)	[tsiplǿnɔk]
pato (m)	утка (ж)	[útka]
ganso (m)	гусь (м)	[gúsʲ]
caça (f)	дичь (ж)	[dítʃ]
peru (m)	индейка (ж)	[indéjka]
carne (f) de porco	свинина (ж)	[svinína]
carne (f) de vitela	телятина (ж)	[telʲátina]
carne (f) de carneiro	баранина (ж)	[baránina]
carne (f) de vaca	говядина (ж)	[gɔvʲádina]
carne (f) de coelho	кролик (м)	[królik]
chouriço, salsichão (m)	колбаса (ж)	[kɔlbasá]
salsicha (f)	сосиска (ж)	[sɔsíska]
bacon (m)	бекон (м)	[bekón]
fiambre (f)	ветчина (ж)	[vettʃiná]
presunto (m)	окорок (м)	[ókɔrɔk]
patê (m)	паштет (м)	[paʃtét]
fígado (m)	печень (ж)	[pétʃenʲ]
carne (f) moída	фарш (м)	[fárʃ]
língua (f)	язык (м)	[jɪzīk]
ovo (m)	яйцо (с)	[jıjtsó]
ovos (m pl)	яйца (мн)	[jájtsa]
clara (f) do ovo	белок (м)	[belók]
gema (f) do ovo	желток (м)	[ʒeltók]
peixe (m)	рыба (ж)	[rĩba]
mariscos (m pl)	морепродукты (мн)	[mɔre·prɔdúktɨ]
crustáceos (m pl)	ракообразные (мн)	[rakɔɔbráznɨe]
caviar (m)	икра (ж)	[ikrá]
caranguejo (m)	краб (м)	[kráb]
camarão (m)	креветка (ж)	[krevétka]
ostra (f)	устрица (ж)	[ústritsa]
lagosta (f)	лангуст (м)	[langúst]
polvo (m)	осьминог (м)	[ɔsʲminóg]
lula (f)	кальмар (м)	[kalʲmár]
esturjão (m)	осетрина (ж)	[ɔsetrína]
salmão (m)	лосось (м)	[lɔsósʲ]
halibute (m)	палтус (м)	[páltus]
bacalhau (m)	треска (ж)	[treská]

cavala, sarda (f)	скумбрия (ж)	[skúmbrija]
atum (m)	тунец (м)	[tunéʦ]
enguia (f)	угорь (м)	[úgɔrʲ]
truta (f)	форель (ж)	[fɔrǽlʲ]
sardinha (f)	сардина (ж)	[sardína]
lúcio (m)	щука (ж)	[ʃʲúka]
arenque (m)	сельдь (ж)	[sélʲtʲ]
pão (m)	хлеб (м)	[hléb]
queijo (m)	сыр (м)	[sɨ̃r]
açúcar (m)	сахар (м)	[sáhar]
sal (m)	соль (ж)	[sólʲ]
arroz (m)	рис (м)	[rís]
massas (f pl)	макароны (мн)	[makaróni]
talharim (m)	лапша (ж)	[lapʃá]
manteiga (f)	сливочное масло (с)	[slívɔʧnɔe máslɔ]
óleo (m) vegetal	растительное масло (с)	[rastítelʲnɔe máslɔ]
óleo (m) de girassol	подсолнечное масло (с)	[pɔtsólneʧnɔe máslɔ]
margarina (f)	маргарин (м)	[margarín]
azeitonas (f pl)	оливки (мн)	[ɔlífki]
azeite (m)	оливковое масло (с)	[ɔlífkɔvɔe máslɔ]
leite (m)	молоко (с)	[mɔlɔkó]
leite (m) condensado	сгущённое молоко (с)	[sguʃʲǿnɔe mɔlɔkó]
iogurte (m)	йогурт (м)	[jógurt]
nata (f) azeda	сметана (ж)	[smetána]
nata (f) do leite	сливки (мн)	[slífki]
maionese (f)	майонез (м)	[majinǽs]
creme (m)	крем (м)	[krém]
grãos (m pl) de cereais	крупа (ж)	[krupá]
farinha (f)	мука (ж)	[muká]
enlatados (m pl)	консервы (мн)	[kɔnsérvi]
flocos (m pl) de milho	кукурузные хлопья (мн)	[kukurúznie hlópja]
mel (m)	мёд (м)	[mǿd]
doce (m)	джем, конфитюр (м)	[dʒǽm], [kɔnfitʲúr]
pastilha (f) elástica	жевательная резинка (м)	[ʒevátelʲnaja rezínka]

36. Bebidas

água (f)	вода (ж)	[vɔdá]
água (f) potável	питьевая вода (ж)	[pitjevája vɔdá]
água (f) mineral	минеральная вода (ж)	[minerálʲnaja vɔdá]
sem gás	без газа	[bez gáza]
gaseificada	газированная	[gazirɔ́vanaja]
com gás	с газом	[s gázɔm]
gelo (m)	лёд (м)	[lǿd]

com gelo	со льдом	[sɔ lʲdóm]
sem álcool	безалкогольный	[bezalkɔgólʲnij]
bebida (f) sem álcool	безалкогольный напиток (m)	[bezalkɔgólʲnij napítɔk]
refresco (m)	прохладительный напиток (m)	[prɔhladítelʲnij napítɔk]
limonada (f)	лимонад (m)	[limɔnád]

bebidas (f pl) alcoólicas	алкогольные напитки (мн)	[alkɔgólʲnɨe napítki]
vinho (m)	вино (c)	[vinó]
vinho (m) branco	белое вино (c)	[bélɔe vinó]
vinho (m) tinto	красное вино (c)	[krásnɔe vinó]

licor (m)	ликёр (m)	[likǿr]
champanhe (m)	шампанское (c)	[ʃampánskɔe]
vermute (m)	вермут (m)	[vérmut]

uísque (m)	виски (c)	[víski]
vodka (f)	водка (ж)	[vótka]
gim (m)	джин (m)	[dʒīn]
conhaque (m)	коньяк (m)	[kɔnják]
rum (m)	ром (m)	[róm]

café (m)	кофе (m)	[kófe]
café (m) puro	чёрный кофе (m)	[tʃórnij kófe]
café (m) com leite	кофе (m) с молоком	[kófe s mɔlɔkóm]
cappuccino (m)	кофе (m) со сливками	[kófe sɔ slífkami]
café (m) solúvel	растворимый кофе (m)	[rastvɔrímij kófe]

leite (m)	молоко (c)	[mɔlɔkó]
coquetel (m)	коктейль (m)	[kɔktǽjlʲ]
batido (m) de leite	молочный коктейль (m)	[mɔlótʃnij kɔktǽjlʲ]

sumo (m)	сок (m)	[sók]
sumo (m) de tomate	томатный сок (m)	[tɔmátnij sók]
sumo (m) de laranja	апельсиновый сок (m)	[apelʲsínɔvij sók]
sumo (m) fresco	свежевыжатый сок (m)	[sveʒe·vɨʒatij sók]

cerveja (f)	пиво (c)	[pívɔ]
cerveja (f) clara	светлое пиво (c)	[svétlɔe pívɔ]
cerveja (f) preta	тёмное пиво (c)	[tǿmnɔe pívɔ]

chá (m)	чай (m)	[tʃáj]
chá (m) preto	чёрный чай (m)	[tʃórnij tʃáj]
chá (m) verde	зелёный чай (m)	[zelǿnij tʃáj]

37. Vegetais

| legumes (m pl) | овощи (м мн) | [óvɔʃi] |
| verduras (f pl) | зелень (ж) | [zélenʲ] |

tomate (m)	помидор (m)	[pɔmidór]
pepino (m)	огурец (m)	[ɔguréts]
cenoura (f)	морковь (ж)	[mɔrkófʲ]

batata (f)	картофель (м)	[kartófelʲ]
cebola (f)	лук (м)	[lúk]
alho (m)	чеснок (м)	[ʨesnók]

couve (f)	капуста (ж)	[kapústa]
couve-flor (f)	цветная капуста (ж)	[tsvetnája kapústa]
couve-de-bruxelas (f)	брюссельская капуста (ж)	[brʲusélʲskaja kapústa]
brócolos (m pl)	капуста брокколи (ж)	[kapústa brókɔli]

beterraba (f)	свёкла (ж)	[svǿkla]
beringela (f)	баклажан (м)	[baklaʒán]
curgete (f)	кабачок (м)	[kabaʧók]
abóbora (f)	тыква (ж)	[tı̄kva]
nabo (m)	репа (ж)	[répa]

salsa (f)	петрушка (ж)	[petrúʃka]
funcho, endro (m)	укроп (м)	[ukróp]
alface (f)	салат (м)	[salát]
aipo (m)	сельдерей (м)	[selʲderéj]
espargo (m)	спаржа (ж)	[spárʒa]
espinafre (m)	шпинат (м)	[ʃpinát]

ervilha (f)	горох (м)	[gɔróh]
fava (f)	бобы (мн)	[bɔbı̄]
milho (m)	кукуруза (ж)	[kukurúza]
feijão (m)	фасоль (ж)	[fasólʲ]

pimentão (m)	перец (м)	[pérets]
rabanete (m)	редис (м)	[redís]
alcachofra (f)	артишок (м)	[artiʃók]

38. Frutos. Nozes

fruta (f)	фрукт (м)	[frúkt]
maçã (f)	яблоко (с)	[jáblɔkɔ]
pera (f)	груша (ж)	[grúʃa]
limão (m)	лимон (м)	[limón]
laranja (f)	апельсин (м)	[apelʲsín]
morango (m)	клубника (ж)	[klubníka]

tangerina (f)	мандарин (м)	[mandarín]
ameixa (f)	слива (ж)	[slíva]
pêssego (m)	персик (м)	[pérsik]
damasco (m)	абрикос (м)	[abrikós]
framboesa (f)	малина (ж)	[malína]
ananás (m)	ананас (м)	[ananás]

banana (f)	банан (м)	[banán]
melancia (f)	арбуз (м)	[arbús]
uva (f)	виноград (м)	[vinɔgrád]
ginja (f)	вишня (ж)	[víʃnʲa]
cereja (f)	черешня (ж)	[ʨeréʃnʲa]
meloa (f)	дыня (ж)	[dı̄nʲa]
toranja (f)	грейпфрут (м)	[gréjpfrut]

abacate (m)	авокадо (с)	[avɔkádɔ]
papaia (f)	папайя (ж)	[papája]
manga (f)	манго (с)	[mángɔ]
romã (f)	гранат (м)	[granát]
groselha (f) vermelha	красная смородина (ж)	[krásnaja smɔródina]
groselha (f) preta	чёрная смородина (ж)	[tɕórnaja smɔródina]
groselha (f) espinhosa	крыжовник (м)	[kriʑóvnik]
mirtilo (m)	черника (ж)	[tɕerníka]
amora silvestre (f)	ежевика (ж)	[eʑevíka]
uvas (f pl) passas	изюм (м)	[izʲúm]
figo (m)	инжир (м)	[inʑír]
tâmara (f)	финик (м)	[fínik]
amendoim (m)	арахис (м)	[aráhis]
amêndoa (f)	миндаль (м)	[mindálʲ]
noz (f)	грецкий орех (м)	[grétskij ɔréh]
avelã (f)	лесной орех (м)	[lesnój ɔréh]
coco (m)	кокосовый орех (м)	[kɔkósɔvɨj ɔréh]
pistáchios (m pl)	фисташки (мн)	[fistáʃki]

39. Pão. Bolaria

pastelaria (f)	кондитерские изделия (мн)	[kɔndíterskie izdélija]
pão (m)	хлеб (м)	[hléb]
bolacha (f)	печенье (с)	[petɕénje]
chocolate (m)	шоколад (м)	[ʃɔkɔlád]
de chocolate	шоколадный	[ʃɔkɔládnɨj]
rebuçado (m)	конфета (ж)	[kɔnféta]
bolo (cupcake, etc.)	пирожное (с)	[piróʑnɔe]
bolo (m) de aniversário	торт (м)	[tórt]
tarte (~ de maçã)	пирог (м)	[piróg]
recheio (m)	начинка (ж)	[natɕínka]
doce (m)	варенье (с)	[varénje]
geleia (f) de frutas	мармелад (м)	[marmelád]
waffle (m)	вафли (мн)	[váfli]
gelado (m)	мороженое (с)	[mɔróʑenɔe]
pudim (m)	пудинг (м)	[púding]

40. Pratos cozinhados

prato (m)	блюдо (с)	[blʲúdɔ]
cozinha (~ portuguesa)	кухня (ж)	[kúhnʲa]
receita (f)	рецепт (м)	[retsæpt]
porção (f)	порция (ж)	[pórtsija]
salada (f)	салат (м)	[salát]
sopa (f)	суп (м)	[súp]

caldo (m)	бульон (м)	[buljón]
sandes (f)	бутерброд (м)	[buterbród]
ovos (m pl) estrelados	яичница (ж)	[iíʃnitsa]

hambúrguer (m)	гамбургер (м)	[gámburger]
bife (m)	бифштекс (м)	[bifʃtǽks]

conduto (m)	гарнир (м)	[garnír]
espaguete (m)	спагетти (мн)	[spagéti]
puré (m) de batata	картофельное пюре (с)	[kartófelʲnɔe pʲuré]
pizza (f)	пицца (ж)	[pítsa]
papa (f)	каша (ж)	[káʃa]
omelete (f)	омлет (м)	[ɔmlét]

cozido em água	варёный	[varǿnij]
fumado	копчёный	[kɔptʃónij]
frito	жареный	[ʒárenij]
seco	сушёный	[suʃónij]
congelado	замороженный	[zamɔróʒenij]
em conserva	маринованный	[marinóvanij]

doce (açucarado)	сладкий	[slátkij]
salgado	солёный	[sɔlǿnij]
frio	холодный	[hɔlódnij]
quente	горячий	[gɔrʲátʃij]
amargo	горький	[górʲkij]
gostoso	вкусный	[fkúsnij]

cozinhar (em água a ferver)	варить (нсв, пх)	[varítʲ]
fazer, preparar (vt)	готовить (нсв, пх)	[gotóvitʲ]
fritar (vt)	жарить (нсв, пх)	[ʒáritʲ]
aquecer (vt)	разогревать (нсв, пх)	[razɔgrevátʲ]

salgar (vt)	солить (нсв, пх)	[sɔlítʲ]
apimentar (vt)	перчить (нсв, пх)	[pértʃitʲ], [pertʃítʲ]
ralar (vt)	тереть (нсв, пх)	[terétʲ]
casca (f)	кожура (ж)	[kɔʒurá]
descascar (vt)	чистить (нсв, пх)	[tʃístitʲ]

41. Especiarias

sal (m)	соль (ж)	[sólʲ]
salgado	солёный	[sɔlǿnij]
salgar (vt)	солить (нсв, пх)	[sɔlítʲ]

pimenta (f) preta	чёрный перец (м)	[tʃórnij pérets]
pimenta (f) vermelha	красный перец (м)	[krásnij pérets]
mostarda (f)	горчица (ж)	[gɔrtʃítsa]
raiz-forte (f)	хрен (м)	[hrén]

condimento (m)	приправа (ж)	[priprávva]
especiaria (f)	пряность (ж)	[prʲánɔstʲ]
molho (m)	соус (м)	[sóus]
vinagre (m)	уксус (м)	[úksus]

anis (m)	анис (м)	[anís]
manjericão (m)	базилик (м)	[bazilík]
cravo (m)	гвоздика (ж)	[gvozdíka]
gengibre (m)	имбирь (м)	[imbír']
coentro (m)	кориандр (м)	[koriándr]
canela (f)	корица (ж)	[korítsa]
sésamo (m)	кунжут (м)	[kunʒút]
folhas (f pl) de louro	лавровый лист (м)	[lavróvɨj líst]
páprica (f)	паприка (ж)	[páprika]
cominho (m)	тмин (м)	[tmín]
açafrão (m)	шафран (м)	[ʃafrán]

42. Refeições

comida (f)	еда (ж)	[edá]
comer (vt)	есть (нсв, н/пх)	[ést']
pequeno-almoço (m)	завтрак (м)	[záftrak]
tomar o pequeno-almoço	завтракать (нсв, нпх)	[záftrakat']
almoço (m)	обед (м)	[obéd]
almoçar (vi)	обедать (нсв, нпх)	[obédat']
jantar (m)	ужин (м)	[úʒɨn]
jantar (vi)	ужинать (нсв, нпх)	[úʒɨnat']
apetite (m)	аппетит (м)	[apetít]
Bom apetite!	Приятного аппетита!	[prijátnovo apetíta]
abrir (~ uma lata, etc.)	открывать (нсв, пх)	[otkrivát']
derramar (vt)	пролить (св, пх)	[prolít']
derramar-se (vr)	пролиться (св, возв)	[prolítsa]
ferver (vi)	кипеть (нсв, нпх)	[kipét']
ferver (vt)	кипятить (нсв, пх)	[kipɪtít']
fervido	кипячёный	[kipɪtʃónɨj]
arrefecer (vt)	охладить (св, пх)	[ohladít']
arrefecer-se (vr)	охлаждаться (нсв, возв)	[ohlaʒdátsa]
sabor, gosto (m)	вкус (м)	[fkús]
gostinho (m)	привкус (м)	[prífkus]
fazer dieta	худеть (нсв, нпх)	[hudét']
dieta (f)	диета (ж)	[diéta]
vitamina (f)	витамин (м)	[vitamín]
caloria (f)	калория (ж)	[kalórija]
vegetariano (m)	вегетарианец (м)	[vegetariánets]
vegetariano	вегетарианский	[vegetariánskij]
gorduras (f pl)	жиры (мн)	[ʒɨrɨ́]
proteínas (f pl)	белки (мн)	[belkí]
carboidratos (m pl)	углеводы (мн)	[uglevódɨ]
fatia (~ de limão, etc.)	ломтик (м)	[lómtik]
pedaço (~ de bolo)	кусок (м)	[kusók]
migalha (f)	крошка (ж)	[króʃka]

43. Por a mesa

colher (f)	ложка (ж)	[lóʃka]
faca (f)	нож (м)	[nóʃ]
garfo (m)	вилка (ж)	[vílka]
chávena (f)	чашка (ж)	[ʧáʃka]
prato (m)	тарелка (ж)	[tarélka]
pires (m)	блюдце (с)	[blʲútse]
guardanapo (m)	салфетка (ж)	[salfétka]
palito (m)	зубочистка (ж)	[zubɔʧístka]

44. Restaurante

restaurante (m)	ресторан (м)	[restɔrán]
café (m)	кофейня (ж)	[kɔféjnʲa]
bar (m), cervejaria (f)	бар (м)	[bár]
salão (m) de chá	чайный салон (м)	[ʧájnij salón]
empregado (m) de mesa	официант (м)	[ɔfitsiánt]
empregada (f) de mesa	официантка (ж)	[ɔfitsiántka]
barman (m)	бармен (м)	[bármɛn]
ementa (f)	меню (с)	[menʲú]
lista (f) de vinhos	карта (ж) вин	[kárta vín]
reservar uma mesa	забронировать столик	[zabrɔnírɔvatʲ stólik]
prato (m)	блюдо (с)	[blʲúdɔ]
pedir (vt)	заказать (св, пх)	[zakazátʲ]
fazer o pedido	сделать заказ	[zdélatʲ zakás]
aperitivo (m)	аперитив (v)	[aperitíf]
entrada (f)	закуска (ж)	[zakúska]
sobremesa (f)	десерт (м)	[desért]
conta (f)	счёт (м)	[ʃǿt]
pagar a conta	оплатить счёт	[ɔplatítʲ ʃǿt]
dar o troco	дать сдачу	[dátʲ zdáʧu]
gorjeta (f)	чаевые (мн)	[ʧaevīe]

Família, parentes e amigos

45. Informação pessoal. Formulários

nome (m)	имя (с)	[ím'a]
apelido (m)	фамилия (ж)	[famílija]
data (f) de nascimento	дата (ж) рождения	[dáta rɔʒdénija]
local (m) de nascimento	место (с) рождения	[mésto rɔʒdénija]
nacionalidade (f)	национальность (ж)	[natsionál'nost']
lugar (m) de residência	место (с) жительства	[místo ʒítel'stva]
país (m)	страна (ж)	[straná]
profissão (f)	профессия (ж)	[prɔfésija]
sexo (m)	пол (м)	[pól]
estatura (f)	рост (м)	[róst]
peso (m)	вес (м)	[vés]

46. Membros da família. Parentes

mãe (f)	мать (ж)	[mát']
pai (m)	отец (м)	[ɔtéts]
filho (m)	сын (м)	[sĩn]
filha (f)	дочь (ж)	[dótʃ']
filha (f) mais nova	младшая дочь (ж)	[mládʃaja dótʃ']
filho (m) mais novo	младший сын (м)	[mládʃij sĩn]
filha (f) mais velha	старшая дочь (ж)	[stárʃaja dótʃ']
filho (m) mais velho	старший сын (м)	[stárʃij sĩn]
irmão (m)	брат (м)	[brát]
irmã (f)	сестра (ж)	[sestrá]
primo (m)	двоюродный брат (м)	[dvɔjúrɔdnij brát]
prima (f)	двоюродная сестра (ж)	[dvɔjúrɔdnaja sestrá]
mamã (f)	мама (ж)	[máma]
papá (m)	папа (м)	[pápa]
pais (pl)	родители (мн)	[rɔdíteli]
criança (f)	ребёнок (м)	[rebǿnɔk]
crianças (f pl)	дети (мн)	[déti]
avó (f)	бабушка (ж)	[bábuʃka]
avô (m)	дедушка (м)	[déduʃka]
neto (m)	внук (м)	[vnúk]
neta (f)	внучка (ж)	[vnútʃka]
netos (pl)	внуки (мн)	[vnúki]
tio (m)	дядя (м)	[d'ád'a]
tia (f)	тётя (ж)	[tǿt'a]

sobrinho (m)	племянник (м)	[plemʲánik]
sobrinha (f)	племянница (ж)	[plemʲánitsa]

sogra (f)	тёща (ж)	[tǿʃʲa]
sogro (m)	свёкор (м)	[svǿkɔr]
genro (m)	зять (м)	[zʲátʲ]
madrasta (f)	мачеха (ж)	[mátʃeha]
padrasto (m)	отчим (м)	[óttʃim]

criança (f) de colo	грудной ребёнок (м)	[grudnój rebǿnɔk]
bebé (m)	младенец (м)	[mladénets]
menino (m)	малыш (м)	[malíʃ]

mulher (f)	жена (ж)	[ʒená]
marido (m)	муж (м)	[múʃ]
esposo (m)	супруг (м)	[suprúg]
esposa (f)	супруга (ж)	[suprúga]

casado	женатый	[ʒenátij]
casada	замужняя	[zamúʒnʲaja]
solteiro	холостой	[hɔlɔstój]
solteirão (m)	холостяк (м)	[hɔlɔstʲák]
divorciado	разведённый	[razvedǿnnij]
viúva (f)	вдова (ж)	[vdɔvá]
viúvo (m)	вдовец (м)	[vdɔvéts]

parente (m)	родственник (м)	[rótstvenik]
parente (m) próximo	близкий родственник (м)	[blískij rótstvenik]
parente (m) distante	дальний родственник (м)	[dálʲnij rótstvenik]
parentes (m pl)	родные (мн)	[rɔdnī́je]

órfão (m)	сирота (м)	[sirɔtá]
órfã (f)	сирота (ж)	[sirɔtá]
tutor (m)	опекун (м)	[ɔpekún]
adotar (um filho)	усыновить (св, пх)	[usinɔvítʲ]
adotar (uma filha)	удочерить (св, пх)	[udɔtʃerítʲ]

Medicina

47. Doenças

doença (f)	болезнь (ж)	[bolézn^j]
estar doente	болеть (нсв, нпх)	[bolét^j]
saúde (f)	здоровье (с)	[zdoróvje]
nariz (m) a escorrer	насморк (м)	[násmork]
amigdalite (f)	ангина (ж)	[angína]
constipação (f)	простуда (ж)	[prostúda]
constipar-se (vr)	простудиться (св, возв)	[prostudítsa]
bronquite (f)	бронхит (м)	[bronhít]
pneumonia (f)	воспаление (с) лёгких	[vospalénie lǿhkih]
gripe (f)	грипп (м)	[gríp]
míope	близорукий	[blizorúkij]
presbita	дальнозоркий	[dal^jnozórkij]
estrabismo (m)	косоглазие (с)	[kosoglázie]
estrábico	косоглазый	[kosoglázij]
catarata (f)	катаракта (ж)	[katarákta]
glaucoma (m)	глаукома (ж)	[glaukóma]
AVC (m), apoplexia (f)	инсульт (м)	[insúl^jt]
ataque (m) cardíaco	инфаркт (м)	[infárkt]
enfarte (m) do miocárdio	инфаркт (м) миокарда	[infárkt miokárda]
paralisia (f)	паралич (м)	[paralíʧ]
paralisar (vt)	парализовать (нсв, пх)	[paralizovát^j]
alergia (f)	аллергия (ж)	[alergíja]
asma (f)	астма (ж)	[ástma]
diabetes (f)	диабет (м)	[diabét]
dor (f) de dentes	зубная боль (ж)	[zubnája ból^j]
cárie (f)	кариес (м)	[káries]
diarreia (f)	диарея (ж)	[diaréja]
prisão (f) de ventre	запор (м)	[zapór]
desarranjo (m) intestinal	расстройство (с) желудка	[rastrójstvo ʒelútka]
intoxicação (f) alimentar	отравление (с)	[otravlénie]
intoxicar-se	отравиться (св, возв)	[otravítsa]
artrite (f)	артрит (м)	[artrít]
raquitismo (m)	рахит (м)	[rahít]
reumatismo (m)	ревматизм (м)	[revmatízm]
arteriosclerose (f)	атеросклероз (м)	[aterosklerós]
gastrite (f)	гастрит (м)	[gastrít]
apendicite (f)	аппендицит (м)	[apendiʦít]

colecistite (f)	холецистит (м)	[hɔletsistít]
úlcera (f)	язва (ж)	[jázva]

sarampo (m)	корь (ж)	[kórʲ]
rubéola (f)	краснуха (ж)	[krasnúha]
sterícia (f)	желтуха (ж)	[ʒeltúha]
hepatite (f)	гепатит (м)	[gepatít]

esquizofrenia (f)	шизофрения (ж)	[ʃizɔfreníja]
raiva (f)	бешенство (с)	[béʃɛnstvɔ]
neurose (f)	невроз (м)	[nevrós]
comoção (f) cerebral	сотрясение (с) мозга	[sɔtrɪsénie mózga]

cancro (m)	рак (м)	[rák]
esclerose (f)	склероз (м)	[sklerós]
esclerose (f) múltipla	рассеянный склероз (м)	[rasséɪnnɪj sklerós]

alcoolismo (m)	алкоголизм (м)	[alkɔgɔlízm]
alcoólico (m)	алкоголик (м)	[alkɔgólik]
sífilis (f)	сифилис (м)	[sífilis]
SIDA (f)	СПИД (м)	[spíd]

tumor (m)	опухоль (ж)	[ópuhɔlʲ]
maligno	злокачественная	[zlɔkátʃestvenaja]
benigno	доброкачественная	[dɔbrɔkátʃestvenaja]

febre (f)	лихорадка (ж)	[lihɔrátka]
malária (f)	малярия (ж)	[malîríja]
gangrena (f)	гангрена (ж)	[gangréna]
enjoo (m)	морская болезнь (ж)	[mɔrskája bɔléznʲ]
epilepsia (f)	эпилепсия (ж)	[ɛpilépsija]

epidemia (f)	эпидемия (ж)	[ɛpidémija]
tifo (m)	тиф (м)	[tíf]
tuberculose (f)	туберкулёз (м)	[tuberkulǿs]
cólera (f)	холера (ж)	[hɔléra]
peste (f)	чума (ж)	[tʃʲumá]

48. Sintomas. Tratamentos. Parte 1

sintoma (m)	симптом (м)	[simptóm]
temperatura (f)	температура (ж)	[temperatúra]
febre (f)	высокая температура (ж)	[visókaja temperatúra]
pulso (m)	пульс (м)	[púlʲs]

vertigem (f)	головокружение (с)	[gólovɔ·kruʒǽnie]
quente (testa, etc.)	горячий	[gɔrʲátʃij]
calafrio (m)	озноб (м)	[ɔznób]
pálido	бледный	[blédnij]

tosse (f)	кашель (м)	[káʃɛlʲ]
tossir (vi)	кашлять (нсв, нпх)	[káʃlɪtʲ]
espirrar (vi)	чихать (нсв, нпх)	[tʃihátʲ]
desmaio (m)	обморок (м)	[óbmɔrɔk]

desmaiar (vi)	упасть в обморок	[upástʲ v óbmɔrɔk]
nódoa (f) negra	синяк (м)	[sinʲák]
galo (m)	шишка (ж)	[ʃíʃka]
magoar-se (vr)	удариться (св, возв)	[udáritsa]
pisadura (f)	ушиб (м)	[uʃíb]
aleijar-se (vr)	ударить ... (св, пх)	[udáritʲ ...]

coxear (vi)	хромать (нсв, нпх)	[hrɔmátʲ]
deslocação (f)	вывих (м)	[vī́vih]
deslocar (vt)	вывихнуть (св, пх)	[vī́vihnutʲ]
fratura (f)	перелом (м)	[perelóm]
fraturar (vt)	получить перелом	[pɔlutʃī́tʲ perelóm]

corte (m)	порез (м)	[pɔrés]
cortar-se (vr)	порезаться (св, возв)	[pɔrézatsa]
hemorragia (f)	кровотечение (с)	[krɔvɔ·tetʃénie]

queimadura (f)	ожог (м)	[ɔʒóg]
queimar-se (vr)	обжечься (св, возв)	[ɔbʒǽtʃsʲa]

picar (vt)	уколоть (св, пх)	[ukɔlótʲ]
picar-se (vr)	уколоться (св, возв)	[ukɔlótsa]
lesionar (vt)	повредить (св, пх)	[pɔvredítʲ]
lesão (m)	повреждение (с)	[pɔvreʒdénie]
ferida (f), ferimento (m)	рана (ж)	[rána]
trauma (m)	травма (ж)	[trávma]

delirar (vi)	бредить (нсв, нпх)	[bréditʲ]
gaguejar (vi)	заикаться (нсв, возв)	[zaikátsa]
insolação (f)	солнечный удар (м)	[sólnetʃnij udár]

49. Sintomas. Tratamentos. Parte 2

dor (f)	боль (ж)	[bólʲ]
farpa (no dedo)	заноза (ж)	[zanóza]

suor (m)	пот (м)	[pót]
suar (vi)	потеть (нсв, нпх)	[pɔtétʲ]
vómito (m)	рвота (ж)	[rvóta]
convulsões (f pl)	судороги (ж мн)	[súdɔrɔgi]

grávida	беременная	[berémennaja]
nascer (vi)	родиться (св, возв)	[rɔdítsa]
parto (m)	роды (мн)	[ródi]
dar à luz	рожать (нсв, пх)	[rɔʒátʲ]
aborto (m)	аборт (м)	[abórt]

respiração (f)	дыхание (с)	[dɨhánie]
inspiração (f)	вдох (м)	[vdóh]
expiração (f)	выдох (м)	[vī́dɔh]
expirar (vi)	выдохнуть (св, пх)	[vī́dɔhnutʲ]
inspirar (vi)	вдыхать (нсв, нпх)	[vdɨhátʲ]
inválido (m)	инвалид (м)	[invalíd]
aleijado (m)	калека (с)	[kaléka]

toxicodependente (m)	наркоман (м)	[narkomán]
surdo	глухой	[gluhój]
mudo	немой	[nemój]
surdo-mudo	глухонемой	[gluhɔ·nemój]
louco (adj.)	сумасшедший	[sumaʃǽdʃɛj]
louco (m)	сумасшедший (м)	[sumaʃǽdʃɛj]
louca (f)	сумасшедшая (ж)	[sumaʃǽdʃaja]
ficar louco	сойти с ума	[sɔjtí s umá]
gene (m)	ген (м)	[gén]
imunidade (f)	иммунитет (м)	[imunitét]
hereditário	наследственный	[naslétstvenij]
congénito	врождённый	[vrɔʒdǿnij]
vírus (m)	вирус (м)	[vírus]
micróbio (m)	микроб (м)	[mikrób]
bactéria (f)	бактерия (ж)	[baktǽrija]
infeção (f)	инфекция (ж)	[inféktsija]

50. Sintomas. Tratamentos. Parte 3

hospital (m)	больница (ж)	[bɔlʲnítsa]
paciente (m)	пациент (м)	[patsiǽnt]
diagnóstico (m)	диагноз (м)	[diágnɔs]
cura (f)	лечение (с)	[letʃénie]
tratamento (m) médico	лечение (с)	[letʃénie]
curar-se (vr)	лечиться (нсв, возв)	[letʃítsa]
tratar (vt)	лечить (нсв, пх)	[letʃítʲ]
cuidar (pessoa)	ухаживать (нсв, нпх)	[uháʒivatʲ]
cuidados (m pl)	уход (м)	[uhód]
operação (f)	операция (ж)	[ɔperátsija]
enfaixar (vt)	перевязать (св, пх)	[perevızátʲ]
enfaixamento (m)	перевязка (ж)	[perevʲázka]
vacinação (f)	прививка (ж)	[privífka]
vacinar (vt)	делать прививку	[délatʲ privífku]
injeção (f)	укол (м)	[ukól]
dar uma injeção	делать укол	[délatʲ ukól]
amputação (f)	ампутация (ж)	[amputátsija]
amputar (vt)	ампутировать (н/св, пх)	[amputírɔvatʲ]
coma (f)	кома (ж)	[kóma]
estar em coma	быть в коме	[bītʲ f kóme]
reanimação (f)	реанимация (ж)	[reanimátsija]
recuperar-se (vr)	выздоравливать (нсв, нпх)	[vizdɔrávlivatʲ]
estado (~ de saúde)	состояние (с)	[sɔstɔjánie]
consciência (f)	сознание (с)	[sɔznánie]
memória (f)	память (ж)	[pámıtʲ]
tirar (vt)	удалять (нсв, пх)	[udalʲátʲ]
chumbo (m), obturação (f)	пломба (ж)	[plómba]

chumbar, obturar (vt)	пломбировать (нсв, пх)	[plombirovátʲ]
hipnose (f)	гипноз (м)	[gipnós]
hipnotizar (vt)	гипнотизировать (нсв, пх)	[gipnotizírovatʲ]

51. Médicos

médico (m)	врач (м)	[vrátʃ]
enfermeira (f)	медсестра (ж)	[metsestrá]
médico (m) pessoal	личный врач (м)	[lítʃnij vrátʃ]
dentista (m)	стоматолог (м)	[stomatólog]
oculista (m)	окулист (м)	[okulíst]
terapeuta (m)	терапевт (м)	[terapévt]
cirurgião (m)	хирург (м)	[hirúrg]
psiquiatra (m)	психиатр (м)	[psihiátr]
pediatra (m)	педиатр (м)	[pediátr]
psicólogo (m)	психолог (м)	[psihólog]
ginecologista (m)	гинеколог (м)	[ginekólog]
cardiologista (m)	кардиолог (м)	[kardiólog]

52. Medicina. Drogas. Acessórios

medicamento (m)	лекарство (с)	[lekárstvo]
remédio (m)	средство (с)	[srétstvo]
receitar (vt)	прописать (нсв, пх)	[propisátʲ]
receita (f)	рецепт (м)	[retsæpt]
comprimido (m)	таблетка (ж)	[tablétka]
pomada (f)	мазь (ж)	[másʲ]
ampola (f)	ампула (ж)	[ámpula]
preparado (m)	микстура (ж)	[mikstúra]
xarope (m)	сироп (м)	[siróp]
cápsula (f)	пилюля (ж)	[pilʲúlʲa]
remédio (m) em pó	порошок (м)	[porojók]
ligadura (f)	бинт (м)	[bínt]
algodão (m)	вата (ж)	[váta]
iodo (m)	йод (м)	[jód]
penso (m) rápido	лейкопластырь (м)	[lejkoplástirʲ]
conta-gotas (m)	пипетка (ж)	[pipétka]
termómetro (m)	градусник (м)	[grádusnik]
seringa (f)	шприц (м)	[ʃpríts]
cadeira (f) de rodas	коляска (ж)	[kolʲáska]
muletas (f pl)	костыли (м мн)	[kostilí]
analgésico (m)	обезболивающее (с)	[obezbólivajuʃee]
laxante (m)	слабительное (с)	[slabítelʲnoe]
álcool (m) etílico	спирт (м)	[spírt]
ervas (f pl) medicinais	трава (ж)	[travá]
de ervas (chá ~)	травяной	[travınój]

HABITAT HUMANO

Cidade

53. Cidade. Vida na cidade

cidade (f)	город (м)	[górɔd]
capital (f)	столица (ж)	[stɔlítsa]
aldeia (f)	деревня (ж)	[derévnʲa]
mapa (m) da cidade	план (м) города	[plán górɔda]
centro (m) da cidade	центр (м) города	[tsǽntr górɔda]
subúrbio (m)	пригород (м)	[prígɔrɔd]
suburbano	пригородный	[prígɔrɔdnɨj]
periferia (f)	окраина (ж)	[ɔkráina]
arredores (m pl)	окрестности (ж мн)	[ɔkrésnɔsti]
quarteirão (m)	квартал (м)	[kvartál]
quarteirão (m) residencial	жилой квартал (м)	[ʒɨlój kvartál]
tráfego (m)	движение (с)	[dviʒǽnie]
semáforo (m)	светофор (м)	[svetofór]
transporte (m) público	городской транспорт (м)	[gɔrɔtskój tránspɔrt]
cruzamento (m)	перекрёсток (м)	[perekrǿstɔk]
passadeira (f)	переход (м)	[perehód]
passagem (f) subterrânea	подземный переход (м)	[pɔdzémnɨj perehód]
cruzar, atravessar (vt)	переходить (нсв, н/пх)	[perehɔdítʲ]
peão (m)	пешеход (м)	[peʃɛhód]
passeio (m)	тротуар (м)	[trɔtuár]
ponte (f)	мост (м)	[móst]
margem (f) do rio	набережная (ж)	[náberɛʒnaja]
fonte (f)	фонтан (м)	[fontán]
alameda (f)	аллея (ж)	[aléja]
parque (m)	парк (м)	[párk]
bulevar (m)	бульвар (м)	[bulʲvár]
praça (f)	площадь (ж)	[plóʃʲatʲ]
avenida (f)	проспект (м)	[prɔspékt]
rua (f)	улица (ж)	[úlitsa]
travessa (f)	переулок (м)	[pereúlɔk]
beco (m) sem saída	тупик (м)	[tupík]
casa (f)	дом (м)	[dóm]
edifício, prédio (m)	здание (с)	[zdánie]
arranha-céus (m)	небоскрёб (м)	[nebɔskrǿb]
fachada (f)	фасад (м)	[fasád]
telhado (m)	крыша (ж)	[krɨ́ʃa]

janela (f)	окно (с)	[ɔknó]
arco (m)	арка (ж)	[árka]
coluna (f)	колонна (ж)	[kɔlóna]
esquina (f)	угол (м)	[úgɔl]

montra (f)	витрина (ж)	[vitrína]
letreiro (m)	вывеска (ж)	[vĩveska]
cartaz (m)	афиша (ж)	[afíʃa]
cartaz (m) publicitário	рекламный плакат (м)	[reklámnɨj plakát]
painel (m) publicitário	рекламный щит (м)	[reklámnɨj ʃít]

lixo (m)	мусор (м)	[músɔr]
cesta (f) do lixo	урна (ж)	[úrna]
jogar lixo na rua	сорить (нсв, нпх)	[sɔrítʲ]
aterro (m) sanitário	свалка (ж)	[sválka]

cabine (f) telefónica	телефонная будка (ж)	[telefónnaja bútka]
candeeiro (m) de rua	фонарный столб (м)	[fɔnárnɨj stólb]
banco (m)	скамейка (ж)	[skaméjka]

polícia (m)	полицейский (м)	[pɔlitsǽjskij]
polícia (instituição)	полиция (ж)	[pɔlítsija]
mendigo (m)	нищий (м)	[níʃij]
sem-abrigo (m)	бездомный (м)	[bezdómnɨj]

54. Instituições urbanas

loja (f)	магазин (м)	[magazín]
farmácia (f)	аптека (ж)	[aptéka]
ótica (f)	оптика (ж)	[óptika]
centro (m) comercial	торговый центр (м)	[tɔrgóvɨj tsǽntr]
supermercado (m)	супермаркет (м)	[supermárket]

padaria (f)	булочная (ж)	[búlɔtʃnaja]
padeiro (m)	пекарь (м)	[pékarʲ]
pastelaria (f)	кондитерская (ж)	[kɔndíterskaja]
mercearia (f)	продуктовый магазин (м)	[prɔduktóvɨj magazín]
talho (m)	мясная лавка (ж)	[mɨsnája láfka]

loja (f) de legumes	овощная лавка (ж)	[ɔvɔʃnája láfka]
mercado (m)	рынок (м)	[rĩnɔk]

café (m)	кафе (с)	[kafǽ]
restaurante (m)	ресторан (м)	[restɔrán]
bar (m), cervejaria (f)	пивная (ж)	[pivnája]
pizzaria (f)	пиццерия (ж)	[pitsǽrija], [pitsɛríja]

salão (m) de cabeleireiro	парикмахерская (ж)	[parihmáherskaja]
correios (m pl)	почта (ж)	[pótʃta]
lavandaria (f)	химчистка (ж)	[himtʃístka]
estúdio (m) fotográfico	фотоателье (с)	[fɔtɔ·atɛljé]

sapataria (f)	обувной магазин (м)	[ɔbuvnój magazín]
livraria (f)	книжный магазин (м)	[kníʒnɨj magazín]

loja (f) de artigos de desporto	спортивный магазин (м)	[spɔrtívnɨj magazín]
reparação (f) de roupa	ремонт (м) одежды	[remónt ɔdéʒdɨ]
aluguer (m) de roupa	прокат (м) одежды	[prɔkát ɔdéʒdɨ]
aluguer (m) de filmes	прокат (м) фильмов	[prɔkát fílʲmɔf]
circo (m)	цирк (м)	[tsɨ̄rk]
jardim (m) zoológico	зоопарк (м)	[zɔɔpárk]
cinema (m)	кинотеатр (м)	[kinɔteátr]
museu (m)	музей (м)	[muzéj]
biblioteca (f)	библиотека (ж)	[bibliɔtéka]
teatro (m)	театр (м)	[teátr]
ópera (f)	опера (ж)	[ópera]
clube (m) noturno	ночной клуб (м)	[nɔtʃnój klúb]
casino (m)	казино (с)	[kazinó]
mesquita (f)	мечеть (ж)	[metʃétʲ]
sinagoga (f)	синагога (ж)	[sinagóga]
catedral (f)	собор (м)	[sɔbór]
templo (m)	храм (м)	[hrám]
igreja (f)	церковь (ж)	[tsǽrkɔfʲ]
instituto (m)	институт (м)	[institút]
universidade (f)	университет (м)	[universitét]
escola (f)	школа (ж)	[ʃkóla]
prefeitura (f)	префектура (ж)	[prefektúra]
câmara (f) municipal	мэрия (ж)	[mǽrija]
hotel (m)	гостиница (ж)	[gɔstínitsa]
banco (m)	банк (м)	[bánk]
embaixada (f)	посольство (с)	[pɔsólʲstvɔ]
agência (f) de viagens	турагентство (с)	[tur·agénstvɔ]
agência (f) de informações	справочное бюро (с)	[správɔtʃnɔe bʲuró]
casa (f) de câmbio	обменный пункт (м)	[ɔbménnɨj púnkt]
metro (m)	метро (с)	[metró]
hospital (m)	больница (ж)	[bɔlʲnítsa]
posto (m) de gasolina	автозаправка (ж)	[aftɔ·zaprábka]
parque (m) de estacionamento	стоянка (ж)	[stɔjánka]

55. Sinais

letreiro (m)	вывеска (ж)	[vɨ̄veska]
inscrição (f)	надпись (ж)	[nátpisʲ]
cartaz, póster (m)	плакат, постер (м)	[plakát], [póster]
sinal (m) informativo	указатель (м)	[ukazátelʲ]
seta (f)	стрелка (ж)	[strélka]
aviso (advertência)	предостережение (с)	[predɔstereʒǽnie]
sinal (m) de aviso	предупреждение (с)	[preduprezdénie]
avisar, advertir (vt)	предупредить (св, пх)	[prepredítʲ]
dia (m) de folga	выходной день (м)	[vɨhɔdnój dénʲ]

horário (m)	расписание (с)	[raspisánie]
horário (m) de funcionamento	часы (мн) работы	[tʃasɨ rabóti]
BEM-VINDOS!	ДОБРО ПОЖАЛОВАТЬ!	[dɔbró pɔʒálɔvatʲ]
ENTRADA	ВХОД	[fhód]
SAÍDA	ВЫХОД	[vɨ́hɔd]
EMPURRE	ОТ СЕБЯ	[ɔt sebʲá]
PUXE	НА СЕБЯ	[na sebʲá]
ABERTO	ОТКРЫТО	[ɔtkrɨ́tɔ]
FECHADO	ЗАКРЫТО	[zakrɨ́tɔ]
MULHER	ДЛЯ ЖЕНЩИН	[dlʲa ʒǽnʃin]
HOMEM	ДЛЯ МУЖЧИН	[dlʲa muʃín]
DESCONTOS	СКИДКИ	[skítki]
SALDOS	РАСПРОДАЖА	[rasprɔdáʒa]
NOVIDADE!	НОВИНКА!	[nɔvínka]
GRÁTIS	БЕСПЛАТНО	[besplátnɔ]
ATENÇÃO!	ВНИМАНИЕ!	[vnimánie]
NÃO HÁ VAGAS	МЕСТ НЕТ	[mést nét]
RESERVADO	ЗАРЕЗЕРВИРОВАНО	[zarezervírɔvanɔ]
ADMINISTRAÇÃO	АДМИНИСТРАЦИЯ	[administrátsija]
SOMENTE PESSOAL	ТОЛЬКО	[tólʲkɔ
AUTORIZADO	ДЛЯ ПЕРСОНАЛА	dlʲa persɔnála]
CUIDADO CÃO FEROZ	ЗЛАЯ СОБАКА	[zlája sɔbáka]
PROIBIDO FUMAR!	НЕ КУРИТЬ!	[ne kurítʲ]
NÃO TOCAR	РУКАМИ НЕ ТРОГАТЬ!	[rukámi ne trógatʲ]
PERIGOSO	ОПАСНО	[ɔpásnɔ]
PERIGO	ОПАСНОСТЬ	[ɔpásnɔstʲ]
ALTA TENSÃO	ВЫСОКОЕ НАПРЯЖЕНИЕ	[vɨsókɔe naprɨʒǽnie]
PROIBIDO NADAR	КУПАТЬСЯ ЗАПРЕЩЕНО	[kupátsa zapreʃenó]
AVARIADO	НЕ РАБОТАЕТ	[ne rabótaet]
INFLAMÁVEL	ОГНЕОПАСНО	[ɔgneɔpásnɔ]
PROIBIDO	ЗАПРЕЩЕНО	[zapreʃenó]
ENTRADA PROIBIDA	ПРОХОД ЗАПРЕЩЁН	[prɔhót zapreʃǿn]
CUIDADO TINTA FRESCA	ОКРАШЕНО	[ɔkráʃɛnɔ]

56. Transportes urbanos

autocarro (m)	автобус (м)	[aftóbus]
elétrico (m)	трамвай (м)	[tramváj]
troleicarro (m)	троллейбус (м)	[trɔléjbus]
itinerário (m)	маршрут (м)	[marʃrút]
número (m)	номер (м)	[nómer]
ir de ... (carro, etc.)	ехать на ... (нсв)	[éhatʲ na ...]
entrar (~ no autocarro)	сесть на ... (св)	[séstʲ na ...]
descer de ...	сойти с ... (св)	[sɔjtí s ...]

paragem (f)	остановка (ж)	[ɔstanófka]
próxima paragem (f)	следующая остановка (ж)	[slédujʲaja ɔstanófka]
ponto (m) final	конечная остановка (ж)	[kɔnétʃnaja ɔstanófka]
horário (m)	расписание (с)	[raspisánie]
esperar (vt)	ждать (нсв, пх)	[ʒdátʲ]
bilhete (m)	билет (м)	[bilét]
custo (m) do bilhete	стоимость (ж) билета	[stóimɔstʲ biléta]
bilheteiro (m)	кассир (м)	[kassír]
controlo (m) dos bilhetes	контроль (м)	[kɔntrólʲ]
revisor (m)	контролёр (м)	[kɔntrɔlǿr]
atrasar-se (vr)	опаздывать на … (нсв, нпх)	[ɔpázdivatʲ na …]
perder (o autocarro, etc.)	опоздать на … (св, нпх)	[ɔpozdátʲ na …]
estar com pressa	спешить (нсв, нпх)	[speʃítʲ]
táxi (m)	такси (с)	[taksí]
taxista (m)	таксист (м)	[taksíst]
de táxi (ir ~)	на такси	[na taksí]
praça (f) de táxis	стоянка (ж) такси	[stɔjánka taksí]
chamar um táxi	вызвать такси	[vízvatʲ taksí]
apanhar um táxi	взять такси	[vzʲátʲ taksí]
tráfego (m)	уличное движение (с)	[úlitʃnɔe dviʒǽnie]
engarrafamento (m)	пробка (ж)	[própka]
horas (f pl) de ponta	часы пик (м)	[tʃasī pík]
estacionar (vi)	парковаться (нсв, возв)	[parkɔvátsa]
estacionar (vt)	парковать (нсв, пх)	[parkɔvátʲ]
parque (m) de estacionamento	стоянка (ж)	[stɔjánka]
metro (m)	метро (с)	[metró]
estação (f)	станция (ж)	[stántsija]
ir de metro	ехать на метро	[éhatʲ na metró]
comboio (m)	поезд (м)	[póezd]
estação (f)	вокзал (м)	[vɔkzál]

57. Turismo

monumento (m)	памятник (м)	[pámɪtnik]
fortaleza (f)	крепость (ж)	[krépɔstʲ]
palácio (m)	дворец (м)	[dvɔréts]
castelo (m)	замок (м)	[zámɔk]
torre (f)	башня (ж)	[báʃnʲa]
mausoléu (m)	мавзолей (м)	[mavzɔléj]
arquitetura (f)	архитектура (ж)	[arhitektúra]
medieval	средневековый	[srednevekóvij]
antigo	старинный	[starínnij]
nacional	национальный	[natsiɔnálʲnij]
conhecido	известный	[izvésnij]
turista (m)	турист (м)	[turíst]
guia (pessoa)	гид (м)	[gíd]

excursão (f)	экскурсия (ж)	[ɛkskúrsija]
mostrar (vt)	показывать (нсв, пх)	[pɔkázivatʲ]
contar (vt)	рассказывать (нсв, пх)	[raskázivatʲ]
encontrar (vt)	найти (св, пх)	[najtí]
perder-se (vr)	потеряться (св, возв)	[poterʲátsa]
mapa (~ do metrô)	схема (ж)	[sxéma]
mapa (~ da cidade)	план (м)	[plán]
lembrança (f), presente (m)	сувенир (м)	[suvenír]
loja (f) de presentes	магазин (м) сувениров	[magazín suvenírɔf]
fotografar (vt)	фотографировать (нсв, пх)	[fɔtɔgrafírovatʲ]
fotografar-se	фотографироваться (нсв, возв)	[fɔtɔgrafírovatsa]

58. Compras

comprar (vt)	покупать (нсв, пх)	[pɔkupátʲ]
compra (f)	покупка (ж)	[pɔkúpka]
fazer compras	делать покупки	[délatʲ pɔkúpki]
compras (f pl)	шоппинг (м)	[ʃóping]
estar aberta (loja, etc.)	работать (нсв, нпх)	[rabótatʲ]
estar fechada	закрыться (св, возв)	[zakrɪ̈tsa]
calçado (m)	обувь (ж)	[óbufʲ]
roupa (f)	одежда (ж)	[ɔdéʒda]
cosméticos (m pl)	косметика (ж)	[kɔsmétika]
alimentos (m pl)	продукты (мн)	[prɔdúkti]
presente (m)	подарок (м)	[pɔdárɔk]
vendedor (m)	продавец (м)	[prɔdavéts]
vendedora (f)	продавщица (ж)	[prɔdafʃítsa]
caixa (f)	касса (ж)	[kássa]
espelho (m)	зеркало (с)	[zérkalɔ]
balcão (m)	прилавок (м)	[prilávɔk]
cabine (f) de provas	примерочная (ж)	[primérɔtʃnaja]
provar (vt)	примерить (св, пх)	[primérit]
servir (vi)	подходить (нсв, нпх)	[pɔtxɔdítʲ]
gostar (apreciar)	нравиться (нсв, возв)	[nrávitsa]
preço (m)	цена (ж)	[tsɛná]
etiqueta (f) de preço	ценник (м)	[tsǽnnik]
custar (vt)	стоить (нсв, пх)	[stóitʲ]
Quanto?	Сколько?	[skólʲkɔ?]
desconto (m)	скидка (ж)	[skítka]
não caro	недорогой	[nedɔrɔgój]
barato	дешёвый	[deʃóvij]
caro	дорогой	[dɔrɔgój]
É caro	Это дорого.	[ǽtɔ dórɔgɔ]
aluguer (m)	прокат (м)	[prɔkát]

alugar (vestidos, etc.)	взять напрокат	[vzʲátʲ naprɔkát]
crédito (m)	кредит (м)	[kredít]
a crédito	в кредит	[f kredít]

59. Dinheiro

dinheiro (m)	деньги (мн)	[dénʲgi]
câmbio (m)	обмен (м)	[ɔbmén]
taxa (f) de câmbio	курс (м)	[kúrs]
Caixa Multibanco (m)	банкомат (м)	[bankɔmát]
moeda (f)	монета (ж)	[mɔnéta]
dólar (m)	доллар (м)	[dólar]
euro (m)	евро (с)	[évrɔ]
lira (f)	лира (ж)	[líra]
marco (m)	марка (ж)	[márka]
franco (m)	франк (м)	[fránk]
libra (f) esterlina	фунт стерлингов (м)	[fúnt stérlingɔf]
iene (m)	йена (ж)	[jéna]
dívida (f)	долг (м)	[dólg]
devedor (m)	должник (м)	[dɔlʒník]
emprestar (vt)	дать в долг	[dátʲ v dólg]
pedir emprestado	взять в долг	[vzʲátʲ v dólg]
banco (m)	банк (м)	[bánk]
conta (f)	счёт (м)	[ʃǿt]
depositar (vt)	положить (св, пх)	[pɔlɔʒítʲ]
depositar na conta	положить на счёт	[pɔlɔʒítʲ na ʃǿt]
levantar (vt)	снять со счёта	[snʲátʲ sɔ ʃǿta]
cartão (m) de crédito	кредитная карта (ж)	[kredítnaja kárta]
dinheiro (m) vivo	наличные деньги (мн)	[nalítʃnie dénʲgi]
cheque (m)	чек (м)	[ʧék]
passar um cheque	выписать чек	[vɨpisatʲ ʧék]
livro (m) de cheques	чековая книжка (ж)	[ʧékɔvaja kníʃka]
carteira (f)	бумажник (м)	[bumáʒnik]
porta-moedas (m)	кошелёк (м)	[kɔʃɛlǿk]
cofre (m)	сейф (м)	[séjf]
herdeiro (m)	наследник (м)	[naslédnik]
herança (f)	наследство (с)	[naslétstvɔ]
fortuna (riqueza)	состояние (с)	[sɔstɔjánie]
arrendamento (m)	аренда (ж)	[arénda]
renda (f) de casa	квартирная плата (ж)	[kvartírnaja pláta]
alugar (vt)	снимать (нсв, пх)	[snimátʲ]
preço (m)	цена (ж)	[tsɛná]
custo (m)	стоимость (ж)	[stóimɔstʲ]
soma (f)	сумма (ж)	[súmma]
gastar (vt)	тратить (нсв, пх)	[trátitʲ]

gastos (m pl)	расходы (мн)	[rasxódi]
economizar (vi)	экономить (нсв, н/пх)	[ɛkɔnómitʲ]
económico	экономный	[ɛkɔnómnij]
pagar (vt)	платить (нсв, н/пх)	[platítʲ]
pagamento (m)	оплата (ж)	[ɔpláta]
troco (m)	сдача (ж)	[zdátʃa]
imposto (m)	налог (м)	[nalóg]
multa (f)	штраф (м)	[ʃtráf]
multar (vt)	штрафовать (нсв, пх)	[ʃtrafɔvátʲ]

60. Correios. Serviço postal

correios (m pl)	почта (ж)	[pótʃta]
correio (m)	почта (ж)	[pótʃta]
carteiro (m)	почтальон (м)	[pɔtʃtaljón]
horário (m)	часы (мн) работы	[tʃasĩ rabóti]
carta (f)	письмо (с)	[pisʲmó]
carta (f) registada	заказное письмо (с)	[zakaznóe pisʲmó]
postal (m)	открытка (ж)	[ɔtkrĩtka]
telegrama (m)	телеграмма (ж)	[telegráma]
encomenda (f) postal	посылка (ж)	[pɔsĩlka]
remessa (f) de dinheiro	денежный перевод (м)	[déneʒnij perevód]
receber (vt)	получить (св, пх)	[polutʃítʲ]
enviar (vt)	отправить (св, пх)	[ɔtprávitʲ]
envio (m)	отправка (ж)	[ɔtpráfka]
endereço (m)	адрес (м)	[ádres]
código (m) postal	индекс (м)	[índɛks]
remetente (m)	отправитель (м)	[ɔtpravítelʲ]
destinatário (m)	получатель (м)	[polutʃátelʲ]
nome (m)	имя (с)	[ímʲa]
apelido (m)	фамилия (ж)	[famílija]
tarifa (f)	тариф (м)	[taríf]
ordinário	обычный	[ɔbĩtʃnij]
económico	экономичный	[ɛkɔnɔmítʃnij]
peso (m)	вес (м)	[vés]
pesar (estabelecer o peso)	взвешивать (нсв, пх)	[vzvéʃivatʲ]
envelope (m)	конверт (м)	[kɔnvért]
selo (m)	марка (ж)	[márka]
colar o selo	наклеивать марку	[nakléivatʲ márku]

Moradia. Casa. Lar

61. Casa. Eletricidade

eletricidade (f)	электричество (с)	[ɛlektrítʃestvɔ]
lâmpada (f)	лампочка (ж)	[lámpɔtʃka]
interruptor (m)	выключатель (м)	[viklʲutʃátelʲ]
fusível (m)	пробка (ж)	[própka]
fio, cabo (m)	провод (м)	[próvɔd]
instalação (f) elétrica	проводка (ж)	[prɔvótka]
contador (m) de eletricidade	счётчик (м)	[ʃǿttʃik]
indicação (f), registo (m)	показание (с)	[pɔkazánie]

62. Moradia. Mansão

casa (f) de campo	загородный дом (м)	[zágɔrɔdnij dɔm]
vila (f)	вилла (ж)	[vílla]
ala (~ do edifício)	крыло (с)	[kriló]
jardim (m)	сад (м)	[sád]
parque (m)	парк (м)	[párk]
estufa (f)	оранжерея (ж)	[ɔranʒeréja]
cuidar de …	ухаживать (нсв, нпх)	[uháʒivatʲ]
piscina (f)	бассейн (м)	[basǽjn]
ginásio (m)	тренажёрный зал (м)	[trenaʒórnij zál]
campo (m) de ténis	теннисный корт (м)	[tǽnisnij kórt]
cinema (m)	кинотеатр (м)	[kinɔteátr]
garagem (f)	гараж (м)	[garáʃ]
propriedade (f) privada	частная собственность (ж)	[tʃásnaja sópstvenɔstʲ]
terreno (m) privado	частные владения (с мн)	[tʃásnie vladénija]
advertência (f)	предупреждение (с)	[predupreʒdénie]
sinal (m) de aviso	предупреждающая надпись (ж)	[predupreʒdájuʃaja nátpisʲ]
guarda (f)	охрана (ж)	[ɔhrána]
guarda (m)	охранник (м)	[ɔhránnik]
alarme (m)	сигнализация (ж)	[signalizátsija]

63. Apartamento

apartamento (m)	квартира (ж)	[kvartíra]
quarto (m)	комната (ж)	[kómnata]

quarto (m) de dormir	спальня (ж)	[spálʲnʲa]
sala (f) de jantar	столовая (ж)	[stɔlóvaja]
sala (f) de estar	гостиная (ж)	[gɔstínaja]
escritório (m)	кабинет (м)	[kabinét]
antessala (f)	прихожая (ж)	[prihóʒaja]
quarto (m) de banho	ванная комната (ж)	[vánnaja kómnata]
toilette (lavabo)	туалет (м)	[tualét]
teto (m)	потолок (м)	[pɔtɔlók]
chão, soalho (m)	пол (м)	[pól]
canto (m)	угол (м)	[úgɔl]

64. Mobiliário. Interior

mobiliário (m)	мебель (ж)	[mébelʲ]
mesa (f)	стол (м)	[stól]
cadeira (f)	стул (м)	[stúl]
cama (f)	кровать (ж)	[krɔvátʲ]
divã (m)	диван (м)	[diván]
cadeirão (m)	кресло (с)	[kréslɔ]
estante (f)	книжный шкаф (м)	[kníʒnij ʃkáf]
prateleira (f)	полка (ж)	[pólka]
guarda-vestidos (m)	гардероб (м)	[garderób]
cabide (m) de parede	вешалка (ж)	[véʃəlka]
cabide (m) de pé	вешалка (ж)	[véʃəlka]
cómoda (f)	комод (м)	[kɔmód]
mesinha (f) de centro	журнальный столик (м)	[ʒurnálʲnij stólik]
espelho (m)	зеркало (с)	[zérkalɔ]
tapete (m)	ковёр (м)	[kɔvǿr]
tapete (m) pequeno	коврик (м)	[kóvrik]
lareira (f)	камин (м)	[kamín]
vela (f)	свеча (ж)	[svetʃá]
castiçal (m)	подсвечник (м)	[pɔtsvétʃnik]
cortinas (f pl)	шторы (ж мн)	[ʃtóri]
papel (m) de parede	обои (мн)	[ɔbói]
estores (f pl)	жалюзи (мн)	[ʒalʲuzí]
candeeiro (m) de mesa	настольная лампа (ж)	[nastólʲnaja lámpa]
candeeiro (m) de parede	светильник (м)	[svetílʲnik]
candeeiro (m) de pé	торшер (м)	[tɔrʃǽr]
lustre (m)	люстра (ж)	[lʲústra]
pé (de mesa, etc.)	ножка (ж)	[nóʃka]
braço (m)	подлокотник (м)	[pɔdlɔkótnik]
costas (f pl)	спинка (ж)	[spínka]
gaveta (f)	ящик (м)	[jáʃik]

65. Quarto de dormir

roupa (f) de cama	постельное бельё (c)	[pɔstélʲnɔe beljǿ]
almofada (f)	подушка (ж)	[pɔdúʃka]
fronha (f)	наволочка (ж)	[návɔlɔʧka]
cobertor (m)	одеяло (c)	[ɔdejálɔ]
lençol (m)	простыня (ж)	[prɔstinʲá]
colcha (f)	покрывало (c)	[pɔkriválɔ]

66. Cozinha

cozinha (f)	кухня (ж)	[kúhnʲa]
gás (m)	газ (м)	[gás]
fogão (m) a gás	газовая плита (ж)	[gázɔvaja plitá]
fogão (m) elétrico	электроплита (ж)	[ɛléktrɔ‧plitá]
forno (m)	духовка (ж)	[duhófka]
forno (m) de micro-ondas	микроволновая печь (ж)	[mikrɔ‧vɔlnóvaja péʧʲ]
frigorífico (m)	холодильник (м)	[hɔlɔdílʲnik]
congelador (m)	морозильник (м)	[mɔrɔzílʲnik]
máquina (f) de lavar louça	посудомоечная машина (ж)	[pɔsúdɔ‧móeʧnaja maʃina]
moedor (m) de carne	мясорубка (ж)	[mʲisɔrúpka]
espremedor (m)	соковыжималка (ж)	[sɔkɔ‧viʒimálka]
torradeira (f)	тостер (м)	[tóstɛr]
batedeira (f)	миксер (м)	[míksɛr]
máquina (f) de café	кофеварка (ж)	[kɔfevárka]
cafeteira (f)	кофейник (м)	[kɔféjnik]
moinho (m) de café	кофемолка (ж)	[kɔfemólka]
chaleira (f)	чайник (м)	[ʧájnik]
bule (m)	чайник (м)	[ʧájnik]
tampa (f)	крышка (ж)	[krɨʃka]
coador (m) de chá	ситечко (c)	[síteʧkɔ]
colher (f)	ложка (ж)	[lóʃka]
colher (f) de chá	чайная ложка (ж)	[ʧájnaja lóʃka]
colher (f) de sopa	столовая ложка (ж)	[stɔlóvaja lóʃka]
garfo (m)	вилка (ж)	[vílka]
faca (f)	нож (м)	[nóʃ]
louça (f)	посуда (ж)	[pɔsúda]
prato (m)	тарелка (ж)	[tarélka]
pires (m)	блюдце (c)	[blʲúʦe]
cálice (m)	рюмка (ж)	[rʲúmka]
copo (m)	стакан (м)	[stakán]
chávena (f)	чашка (ж)	[ʧáʃka]
açucareiro (m)	сахарница (ж)	[sáharniʦa]
saleiro (m)	солонка (ж)	[sɔlónka]
pimenteiro (m)	перечница (ж)	[péreʧniʦa]

manteigueira (f)	маслёнка (ж)	[maslǿnka]
panela, caçarola (f)	кастрюля (ж)	[kastrʲúlʲa]
frigideira (f)	сковородка (ж)	[skovorótka]
concha (f)	половник (м)	[polóvnik]
passador (m)	дуршлаг (м)	[durʃlág]
bandeja (f)	поднос (м)	[podnós]
garrafa (f)	бутылка (ж)	[butílka]
boião (m) de vidro	банка (ж)	[bánka]
lata (f)	банка (ж)	[bánka]
abre-garrafas (m)	открывалка (ж)	[ɔtkriválka]
abre-latas (m)	открывалка (ж)	[ɔtkriválka]
saca-rolhas (m)	штопор (м)	[ʃtópɔr]
filtro (m)	фильтр (м)	[fílʲtr]
filtrar (vt)	фильтровать (нсв, пх)	[filʲtrɔvátʲ]
lixo (m)	мусор (м)	[músɔr]
balde (m) do lixo	мусорное ведро (с)	[músɔrnɔe vedró]

67. Casa de banho

quarto (m) de banho	ванная комната (ж)	[vánnaja kómnata]
água (f)	вода (ж)	[vɔdá]
torneira (f)	кран (м)	[krán]
água (f) quente	горячая вода (ж)	[gorʲátʃaja vɔdá]
água (f) fria	холодная вода (ж)	[hɔlódnaja vɔdá]
pasta (f) de dentes	зубная паста (ж)	[zubnája pásta]
escovar os dentes	чистить зубы	[tʃístitʲ zúbi]
escova (f) de dentes	зубная щётка (ж)	[zubnája ʃǿtka]
barbear-se (vr)	бриться (нсв, возв)	[brítsa]
espuma (f) de barbear	пена (ж) для бритья	[péna dlʲa britjá]
máquina (f) de barbear	бритва (ж)	[brítva]
lavar (vt)	мыть (нсв, пх)	[mītʲ]
lavar-se (vr)	мыться (нсв, возв)	[mītsa]
duche (m)	душ (м)	[dúʃ]
tomar um duche	принимать душ	[prinimátʲ dúʃ]
banheira (f)	ванна (ж)	[vánna]
sanita (f)	унитаз (м)	[unitás]
lavatório (m)	раковина (ж)	[rákɔvina]
sabonete (m)	мыло (с)	[mīlɔ]
saboneteira (f)	мыльница (ж)	[mīlʲnitsa]
esponja (f)	губка (ж)	[gúpka]
champô (m)	шампунь (м)	[ʃampúnʲ]
toalha (f)	полотенце (с)	[pɔloténtse]
roupão (m) de banho	халат (м)	[halát]
lavagem (f)	стирка (ж)	[stírka]
máquina (f) de lavar	стиральная машина (ж)	[stirálʲnaja maʃīna]

lavar a roupa	стирать бельё	[stirátʲ beljó]
detergente (m)	стиральный порошок (м)	[stirálʲnij porojók]

68. Eletrodomésticos

televisor (m)	телевизор (м)	[televízor]
gravador (m)	магнитофон (м)	[magnitofón]
videogravador (m)	видеомагнитофон (м)	[vídeo·magnitofón]
rádio (m)	приёмник (м)	[prijómnik]
leitor (m)	плеер (м)	[plǽjer]
projetor (m)	видеопроектор (м)	[vídeo·proæktor]
cinema (m) em casa	домашний кинотеатр (м)	[domáʃnij kinoteátr]
leitor (m) de DVD	DVD проигрыватель (м)	[di·vi·dí proígrivatelʲ]
amplificador (m)	усилитель (м)	[usilítelʲ]
console (f) de jogos	игровая приставка (ж)	[igrovája pristáfka]
câmara (f) de vídeo	видеокамера (ж)	[vídeo·kámera]
máquina (f) fotográfica	фотоаппарат (м)	[foto·aparát]
câmara (f) digital	цифровой фотоаппарат (м)	[tsifrovój fotoaparát]
aspirador (m)	пылесос (м)	[pilesós]
ferro (m) de engomar	утюг (м)	[utʲúg]
tábua (f) de engomar	гладильная доска (ж)	[gladílʲnaja doská]
telefone (m)	телефон (м)	[telefón]
telemóvel (m)	мобильный телефон (м)	[mobílʲnij telefón]
máquina (f) de costura	швейная машинка (ж)	[ʃvejnaja maʃínka]
microfone (m)	микрофон (м)	[mikrofón]
auscultadores (m pl)	наушники (м мн)	[naúʃniki]
controlo remoto (m)	пульт (м)	[púlʲt]
CD (m)	компакт-диск (м)	[kompákt-dísk]
cassete (f)	кассета (ж)	[kaséta]
disco (m) de vinil	пластинка (ж)	[plastínka]

ATIVIDADES HUMANAS

Emprego. Negócios. Parte 1

69. Escritório. O trabalho no escritório

escritório (~ de advogados)	офис (м)	[ófis]
escritório (do diretor, etc.)	кабинет (м)	[kabinét]
receção (f)	ресепшн (м)	[resépʃn]
secretário (m)	секретарь (м, ж)	[sekretárʲ]
secretária (f)	секретарша (ж)	[sekretárʃa]
diretor (m)	директор (м)	[diréktɔr]
gerente (m)	менеджер (м)	[ménɛdʒɛr]
contabilista (m)	бухгалтер (м)	[buhgálter]
empregado (m)	сотрудник (м)	[sɔtrúdnik]
mobiliário (m)	мебель (ж)	[mébelʲ]
mesa (f)	стол (м)	[stól]
cadeira (f)	кресло (с)	[kréslɔ]
bloco (m) de gavetas	тумбочка (ж)	[túmbɔtʃka]
cabide (m) de pé	вешалка (ж)	[véʃəlka]
computador (m)	компьютер (м)	[kɔmpjútɛr]
impressora (f)	принтер (м)	[príntɛr]
fax (m)	факс (м)	[fáks]
fotocopiadora (f)	копировальный аппарат (м)	[kɔpirɔválʲnij aparát]
papel (m)	бумага (ж)	[bumága]
artigos (m pl) de escritório	канцтовары (ж мн)	[kantstɔvári]
tapete (m) de rato	коврик (м) для мыши	[kóvrik dlʲa mīʃi]
folha (f) de papel	лист (м)	[líst]
pasta (f)	папка (ж)	[pápka]
catálogo (m)	каталог (м)	[katalóg]
diretório (f) telefónico	справочник (м)	[správɔtʃnik]
documentação (f)	документация (ж)	[dɔkumentátsija]
brochura (f)	брошюра (ж)	[brɔʃúra]
flyer (m)	листовка (ж)	[listófka]
amostra (f)	образец (м)	[ɔbrazéts]
formação (f)	тренинг (м)	[tréning]
reunião (f)	совещание (с)	[sɔveʃánie]
hora (f) de almoço	перерыв (м) на обед	[pererīf na ɔbéd]
fazer uma cópia	делать копию	[délatʲ kópiju]
tirar cópias	размножить (св, пх)	[razmnóʒitʲ]
receber um fax	получать факс	[pɔlutʃátʲ fáks]

enviar um fax	отправлять факс	[ɔtpravlʲátʲ fáks]
fazer uma chamada	позвонить (св, н/пх)	[pɔzvɔnítʲ]
responder (vt)	ответить (св, пх)	[ɔtvétitʲ]
passar (vt)	соединить (св, пх)	[sɔedinítʲ]
marcar (vt)	назначать (нсв, пх)	[naznatʃátʲ]
demonstrar (vt)	демонстрировать (нсв, пх)	[demɔnstrírɔvatʲ]
estar ausente	отсутствовать (нсв, нпх)	[ɔtsútstvɔvatʲ]
ausência (f)	пропуск (м)	[própusk]

70. Processos negociais. Parte 1

negócio (m)	бизнес (м)	[bíznɛs]
ocupação (f)	дело (с)	[délɔ]
firma, empresa (f)	фирма (ж)	[fírma]
companhia (f)	компания (ж)	[kɔmpánija]
corporação (f)	корпорация (ж)	[kɔrpɔrátsija]
empresa (f)	предприятие (с)	[pretprijátie]
agência (f)	агентство (с)	[agénstvɔ]
acordo (documento)	договор (м)	[dɔgɔvór]
contrato (m)	контракт (м)	[kɔntrákt]
acordo (transação)	сделка (ж)	[zdélka]
encomenda (f)	заказ (м)	[zakás]
cláusulas (f pl), termos (m pl)	условие (с)	[uslóvie]
por grosso (adv)	оптом	[óptɔm]
por grosso (adj)	оптовый	[ɔptóvij]
venda (f) por grosso	продажа (ж) оптом	[prɔdáʒa óptɔm]
a retalho	розничный	[róznitʃnij]
venda (f) a retalho	продажа (ж) в розницу	[prɔdáʒa v róznitsu]
concorrente (m)	конкурент (м)	[kɔnkurént]
concorrência (f)	конкуренция (ж)	[kɔnkuréntsija]
competir (vi)	конкурировать (нсв, нпх)	[kɔnkurírɔvatʲ]
sócio (m)	партнёр (м)	[partnǿr]
parceria (f)	партнёрство (с)	[partnǿrstvɔ]
crise (f)	кризис (м)	[krízis]
bancarrota (f)	банкротство (с)	[bankrótstvɔ]
entrar em falência	обанкротиться (нсв, возв)	[ɔbankrótitsa]
dificuldade (f)	трудность (ж)	[trúdnɔstʲ]
problema (m)	проблема (ж)	[prɔbléma]
catástrofe (f)	катастрофа (ж)	[katastrófa]
economia (f)	экономика (ж)	[ɛkonómika]
económico	экономический	[ɛkɔnɔmítʃeskij]
recessão (f) económica	экономический спад (м)	[ɛkɔnɔmítʃeskij spád]
objetivo (m)	цель (ж)	[tsǽlʲ]
tarefa (f)	задача (ж)	[zadátʃa]
comerciar (vi, vt)	торговать (нсв, нпх)	[tɔrgɔvátʲ]

rede (de distribuição)	сеть (ж)	[sétʲ]
estoque (m)	склад (м)	[skládʲ]
sortimento (m)	ассортимент (м)	[asɔrtimént]
líder (m)	лидер (м)	[líder]
grande (~ empresa)	крупный	[krúpnij]
monopólio (m)	монополия (ж)	[mɔnɔpólija]
teoria (f)	теория (ж)	[teórija]
prática (f)	практика (ж)	[práktika]
experiência (falar por ~)	опыт (м)	[ópit]
tendência (f)	тенденция (ж)	[tɛndǽntsija]
desenvolvimento (m)	развитие (с)	[razvítie]

71. Processos negociais. Parte 2

rentabilidade (f)	выгода (ж)	[vɨgɔda]
rentável	выгодный	[vɨgɔdnij]
delegação (f)	делегация (ж)	[delegátsija]
salário, ordenado (m)	заработная плата (ж)	[zárabotnaja pláta]
corrigir (um erro)	исправлять (нсв, пх)	[ispravlʲátʲ]
viagem (f) de negócios	командировка (ж)	[kɔmandirófka]
comissão (f)	комиссия (ж)	[kɔmísija]
controlar (vt)	контролировать (нсв, пх)	[kɔntrɔlírɔvatʲ]
conferência (f)	конференция (ж)	[kɔnferéntsija]
licença (f)	лицензия (ж)	[litsǽnzija]
confiável	надёжный	[nadǿʒnij]
empreendimento (m)	начинание (с)	[natʃinánie]
norma (f)	норма (ж)	[nórma]
circunstância (f)	обстоятельство (с)	[ɔpstɔjátelʲstvɔ]
dever (m)	обязанность (ж)	[ɔbʲázanɔstʲ]
empresa (f)	организация (ж)	[ɔrganizátsija]
organização (f)	организация (ж)	[ɔrganizátsija]
organizado	организованный	[ɔrganizóvanij]
anulação (f)	отмена (ж)	[ɔtména]
anular, cancelar (vt)	отменить (св, пх)	[ɔtmenítʲ]
relatório (m)	отчёт (м)	[ɔtʃót]
patente (f)	патент (м)	[patént]
patentear (vt)	патентовать (н/св, пх)	[patentɔvátʲ]
planear (vt)	планировать (нсв, пх)	[planírɔvatʲ]
prémio (m)	премия (ж)	[prémija]
profissional	профессиональный	[prɔfesiɔnálʲnij]
procedimento (m)	процедура (ж)	[prɔtsɛdúra]
examinar (a questão)	рассмотреть (св, пх)	[rasmɔtrétʲ]
cálculo (m)	расчёт (м)	[raʃót]
reputação (f)	репутация (ж)	[reputátsija]
risco (m)	риск (м)	[rísk]

dirigir (~ uma empresa)	руководить (нсв, пх)	[rukovodítʲ]
informação (f)	сведения (мн)	[svédenja]
propriedade (f)	собственность (ж)	[sópstvenostʲ]
união (f)	союз (м)	[sojús]
seguro (m) de vida	страхование (с) жизни	[strahovánie ʒīzni]
fazer um seguro	страховать (нсв, пх)	[strahovátʲ]
seguro (m)	страховка (ж)	[strahófka]
leilão (m)	торги (мн)	[tɔrgí]
notificar (vt)	уведомить (св, пх)	[uvédomitʲ]
gestão (f)	управление (с)	[upravlénie]
serviço (indústria de ~s)	услуга (ж)	[uslúga]
fórum (m)	форум (м)	[fórum]
funcionar (vi)	функционировать (нсв, нпх)	[funktsionírovatʲ]
estágio (m)	этап (м)	[ɛtáp]
jurídico	юридический	[juridítʃeskij]
jurista (m)	юрист (м)	[juríst]

72. Produção. Trabalhos

usina (f)	завод (м)	[zavód]
fábrica (f)	фабрика (ж)	[fábrika]
oficina (f)	цех (м)	[tsǽh]
local (m) de produção	производство (с)	[prɔizvótstvo]
indústria (f)	промышленность (ж)	[promíʃlenostʲ]
industrial	промышленный	[promíʃlenij]
indústria (f) pesada	тяжёлая промышленность (ж)	[tɪʒólaja promíʃlenostʲ]
indústria (f) ligeira	лёгкая промышленность (ж)	[lǿhkaja promíʃlenostʲ]
produção (f)	продукция (ж)	[prodúktsija]
produzir (vt)	производить (нсв, пх)	[proizvodítʲ]
matérias-primas (f pl)	сырьё (с)	[sirjǿ]
chefe (m) de brigada	бригадир (м)	[brigadír]
brigada (f)	бригада (ж)	[brigáda]
operário (m)	рабочий (м)	[rabótʃij]
dia (m) de trabalho	рабочий день (м)	[rabótʃij dénʲ]
pausa (f)	остановка (ж)	[ɔstanófka]
reunião (f)	собрание (с)	[sobránie]
discutir (vt)	обсуждать (нсв, пх)	[opsuʒdátʲ]
plano (m)	план (м)	[plán]
cumprir o plano	выполнять план	[vīpolnʲátʲ plán]
taxa (f) de produção	норма (ж) выработки	[nórma vīrabotki]
qualidade (f)	качество (с)	[kátʃestvo]
controlo (m)	контроль (м)	[kontrólʲ]
controlo (m) da qualidade	контроль (м) качества	[kontrólʲ kátʃestva]
segurança (f) no trabalho	безопасность (ж) труда	[bezopásnostʲ trudá]

disciplina (f)	дисциплина (ж)	[distsiplína]
infração (f)	нарушение (с)	[naruʃǽnie]
violar (as regras)	нарушать (нсв, пх)	[naruʃátʲ]

greve (f)	забастовка (ж)	[zabastófka]
grevista (m)	забастовщик (м)	[zabastófʃik]
estar em greve	бастовать (нсв, нпх)	[bastɔvátʲ]
sindicato (m)	профсоюз (м)	[prɔfsɔjús]

inventar (vt)	изобретать (нсв, пх)	[izɔbretátʲ]
invenção (f)	изобретение (с)	[izɔbreténie]
pesquisa (f)	исследование (с)	[islédɔvanie]
melhorar (vt)	улучшать (нсв, пх)	[ulutʃʃátʲ]
tecnologia (f)	технология (ж)	[tehnɔlógija]
desenho (m) técnico	чертёж (м)	[tʃertóʃ]

carga (f)	груз (м)	[grús]
carregador (m)	грузчик (м)	[grúʃik]
carregar (vt)	грузить (нсв, пх)	[gruzítʲ]
carregamento (m)	погрузка (ж)	[pɔgrúzka]
descarregar (vt)	разгружать (нсв, пх)	[razgruʒátʲ]
descarga (f)	разгрузка (ж)	[razgrúska]

transporte (m)	транспорт (м)	[tránspɔrt]
companhia (f) de transporte	транспортная компания (ж)	[tránspɔrtnaja kɔmpánija]
transportar (vt)	перевозить (нсв, пх)	[perevɔzítʲ]

vagão (m) de carga	вагон (м)	[vagón]
cisterna (f)	цистерна (ж)	[tsistǽrna]
camião (m)	грузовик (м)	[gruzɔvík]

máquina-ferramenta (f)	станок (м)	[stanók]
mecanismo (m)	механизм (м)	[mehanízm]

resíduos (m pl) industriais	отходы (мн)	[ɔtxódi]
embalagem (f)	упаковка (ж)	[upakófka]
embalar (vt)	упаковать (св, пх)	[upakɔvátʲ]

73. Contrato. Acordo

contrato (m)	контракт (м)	[kɔntrákt]
acordo (m)	соглашение (с)	[sɔglaʃǽnie]
adenda (f), anexo (m)	приложение (с)	[prilɔʒǽnie]

assinar o contrato	заключить контракт	[zaklʲutʃítʲ kɔntrákt]
assinatura (f)	подпись (ж)	[pótpisʲ]
assinar (vt)	подписать (св, пх)	[pɔtpisátʲ]
carimbo (m)	печать (ж)	[petʃátʲ]

objeto (m) do contrato	предмет (м) договора	[predmét dɔgɔvóra]
cláusula (f)	пункт (м)	[púnkt]
partes (f pl)	стороны (ж мн)	[stóroni]
morada (f) jurídica	юридический адрес (м)	[juridítʃeskij ádres]
violar o contrato	нарушить контракт	[narúʃitʲ kɔntrákt]

obrigação (f)	обязательство (с)	[ɔbɪzátelʲstvɔ]
responsabilidade (f)	ответственность (ж)	[ɔtvétstvenɔstʲ]
força (f) maior	форс-мажор (м)	[fórs-maʒór]
litígio (m), disputa (f)	спор (м)	[spór]
multas (f pl)	штрафные санкции (ж мн)	[ʃtrafnīe sánktsii]

74. Importação & Exportação

importação (f)	импорт (м)	[ímpɔrt]
importador (m)	импортёр (м)	[impɔrtǿr]
importar (vt)	импортировать (нсв, пх)	[impɔrtírɔvatʲ]
de importação	импортный	[ímpɔrtnij]
exportação (f)	экспорт (м)	[ǽkspɔrt]
exportador (m)	экспортёр (м)	[ɛkspɔrtǿr]
exportar (vt)	экспортировать (н/св, пх)	[ɛkspɔrtírɔvatʲ]
de exportação	экспортный	[ǽkspɔrtnij]
mercadoria (f)	товар (м)	[tɔvár]
lote (de mercadorias)	партия (ж)	[pártija]
peso (m)	вес (м)	[vés]
volume (m)	объём (м)	[ɔbjóm]
metro (m) cúbico	кубический метр (м)	[kubítʃeskij métr]
produtor (m)	производитель (м)	[prɔizvɔdítelʲ]
companhia (f) de transporte	транспортная компания (ж)	[tránspɔrtnaja kɔmpánija]
contentor (m)	контейнер (м)	[kɔntǽjner]
fronteira (f)	граница (ж)	[granítsa]
alfândega (f)	таможня (ж)	[tamóʒnʲa]
taxa (f) alfandegária	таможенная пошлина (ж)	[tamóʒenaja póʃlina]
funcionário (m) da alfândega	таможенник (м)	[tamóʒenik]
contrabando (atividade)	контрабанда (ж)	[kɔntrabánda]
contrabando (produtos)	контрабанда (ж)	[kɔntrabánda]

75. Finanças

ação (f)	акция (ж)	[áktsija]
obrigação (f)	облигация (ж)	[ɔbligátsija]
nota (f) promissória	вексель (м)	[vékselʲ]
bolsa (f)	биржа (ж)	[bírʒa]
cotação (m) das ações	курс (м) акций	[kúrs áktsij]
tornar-se mais barato	подешеветь (св, нпх)	[pɔdeʃɛvétʲ]
tornar-se mais caro	подорожать (св, нпх)	[pɔdɔraʒátʲ]
parte (f)	доля (ж), пай	[dólʲa], [páj]
participação (f) maioritária	контрольный пакет (м)	[kɔntrólʲnij pakét]
investimento (m)	инвестиции (ж мн)	[investítsii]
investir (vt)	инвестировать (н/св, н/пх)	[investírɔvatʲ]

percentagem (f)	процент (м)	[prɔtsǽnt]
juros (m pl)	проценты (м мн)	[prɔtsǽnti]
lucro (m)	прибыль (ж)	[príbilʲ]
lucrativo	прибыльный	[príbilʲnij]
imposto (m)	налог (м)	[nalóg]
divisa (f)	валюта (ж)	[valʲúta]
nacional	национальный	[natsiɔnálʲnij]
câmbio (m)	обмен (м)	[ɔbmén]
contabilista (m)	бухгалтер (м)	[buhgálter]
contabilidade (f)	бухгалтерия (ж)	[buhgaltérija]
bancarrota (f)	банкротство (с)	[bankrótstvɔ]
falência (f)	крах (м)	[kráh]
ruína (f)	разорение (с)	[razɔrénie]
arruinar-se (vr)	разориться (св, возв)	[razɔrítsa]
inflação (f)	инфляция (ж)	[inflʲátsija]
desvalorização (f)	девальвация (ж)	[devalʲvátsija]
capital (m)	капитал (м)	[kapitál]
rendimento (m)	доход (м)	[dɔhód]
volume (m) de negócios	оборот (м)	[ɔbɔrót]
recursos (m pl)	ресурсы (м мн)	[resúrsi]
recursos (m pl) financeiros	денежные средства (с мн)	[déneʒnie srétstva]
despesas (f pl) gerais	накладные расходы (мн)	[nakladnīe rasxódi]
reduzir (vt)	сократить (св, пх)	[sɔkratítʲ]

76. Marketing

marketing (m)	маркетинг (м)	[markéting]
mercado (m)	рынок (м)	[rīnɔk]
segmento (m) do mercado	сегмент (м) рынка	[segmént rīnka]
produto (m)	продукт (м)	[prɔdúkt]
mercadoria (f)	товар (м)	[tɔvár]
marca (f) comercial	торговая марка (ж)	[tɔrgóvaja márka]
logotipo (m)	фирменный знак (м)	[fírmenij znák]
logo (m)	логотип (м)	[lɔgɔtíp]
demanda (f)	спрос (м)	[sprós]
oferta (f)	предложение (с)	[predlɔʒǽnie]
necessidade (f)	потребность (ж)	[potrébnostʲ]
consumidor (m)	потребитель (м)	[potrebítelʲ]
análise (f)	анализ (м)	[anális]
analisar (vt)	анализировать (нсв, пх)	[analizírɔvatʲ]
posicionamento (m)	позиционирование (с)	[pozitsionírɔvanie]
posicionar (vt)	позиционировать (нсв, пх)	[pozitsionírɔvatʲ]
preço (m)	цена (ж)	[tsɛná]
política (f) de preços	ценовая политика (ж)	[tsɛnɔvája polítika]
formação (f) de preços	ценообразование (с)	[tsɛnɔ-ɔbrazɔvánie]

77. Publicidade

publicidade (f)	реклама (ж)	[rekláma]
publicitar (vt)	рекламировать (нсв, пх)	[reklamírɔvatʲ]
orçamento (m)	бюджет (м)	[bʲudʒǽt]
anúncio (m) publicitário	реклама (ж)	[rekláma]
publicidade (f) televisiva	телереклама (ж)	[tele·réklama]
publicidade (f) na rádio	реклама (ж) на радио	[rekláma na rádiɔ]
publicidade (f) exterior	наружная реклама (ж)	[narúʒnaja rekláma]
comunicação (f) de massa	масс медиа (мн)	[mas·média]
periódico (m)	периодическое издание (с)	[periɔdítʃeskɔe izdánie]
imagem (f)	имидж (м)	[ímidʒ]
slogan (m)	лозунг (м)	[lózung]
mote (m), divisa (f)	девиз (м)	[devís]
campanha (f)	кампания (ж)	[kampánija]
companha (f) publicitária	рекламная кампания (ж)	[reklámnaja kampánija]
grupo (m) alvo	целевая аудитория (ж)	[tsɛlevája auditórija]
cartão (m) de visita	визитная карточка (ж)	[vizítnaja kártɔtʃka]
flyer (m)	листовка (ж)	[listófka]
brochura (f)	брошюра (ж)	[brɔʃúra]
folheto (m)	буклет (м)	[buklét]
boletim (~ informativo)	бюллетень (м)	[bʲuleténʲ]
letreiro (m)	вывеска (ж)	[vı̄veska]
cartaz, póster (m)	плакат, постер (м)	[plakát], [póstɛr]
painel (m) publicitário	рекламный щит (м)	[reklámnij ʃít]

78. Banca

banco (m)	банк (м)	[bánk]
sucursal, balcão (f)	отделение (с)	[ɔtdelénie]
consultor (m)	консультант (м)	[kɔnsulʲtánt]
gerente (m)	управляющий (м)	[upravlʲájuʃij]
conta (f)	счёт (м)	[ʃǿt]
número (m) da conta	номер (м) счёта	[nómer ʃǿta]
conta (f) corrente	текущий счёт (м)	[tekúʃʲij ʃǿt]
conta (f) poupança	накопительный счёт (м)	[nakɔpítelʲnij ʃǿt]
abrir uma conta	открыть счёт	[ɔtkrı̄tʲ ʃǿt]
fechar uma conta	закрыть счёт	[zakrı̄tʲ ʃǿt]
depositar na conta	положить на счёт	[pɔlɔʒītʲ na ʃǿt]
levantar (vt)	снять со счёта	[snʲátʲ sɔ ʃǿta]
depósito (m)	вклад (м)	[fklád]
fazer um depósito	сделать вклад	[zdélatʲ fklád]
transferência (f) bancária	перевод (м)	[perevód]

transferir (vt)	сделать перевод	[zdélatʲ perevód]
soma (f)	сумма (ж)	[súmma]
Quanto?	Сколько?	[skólʲkɔ?]
assinatura (f)	подпись (ж)	[pótpisʲ]
assinar (vt)	подписать (св, пх)	[pɔtpisátʲ]
cartão (m) de crédito	кредитная карта (ж)	[kredítnaja kárta]
código (m)	код (м)	[kód]
número (m) do cartão de crédito	номер (м) кредитной карты	[nómer kredítnɔj kárti]
Caixa Multibanco (m)	банкомат (м)	[bankɔmát]
cheque (m)	чек (м)	[tʃék]
passar um cheque	выписать чек	[vīpisatʲ tʃék]
livro (m) de cheques	чековая книжка (ж)	[tʃékɔvaja kníʃka]
empréstimo (m)	кредит (м)	[kredít]
pedir um empréstimo	обращаться за кредитом	[ɔbraʃátsa za kredítɔm]
obter um empréstimo	брать кредит	[brátʲ kredít]
conceder um empréstimo	предоставлять кредит	[predɔstavlʲátʲ kredít]
garantia (f)	гарантия (ж)	[garántija]

79. Telefone. Conversação telefónica

telefone (m)	телефон (м)	[telefón]
telemóvel (m)	мобильный телефон (м)	[mɔbílʲnij telefón]
secretária (f) electrónica	автоответчик (м)	[áftɔ·ɔtvéttʃik]
fazer uma chamada	звонить (нсв, н/пх)	[zvɔnítʲ]
chamada (f)	звонок (м)	[zvɔnók]
marcar um número	набрать номер	[nabrátʲ nómer]
Alô!	Алло!	[aló]
perguntar (vt)	спросить (св, пх)	[sprɔsítʲ]
responder (vt)	ответить (св, пх)	[ɔtvétitʲ]
ouvir (vt)	слышать (нсв, пх)	[slīʃatʲ]
bem	хорошо	[hɔrɔʃó]
mal	плохо	[plóhɔ]
ruído (m)	помехи (ж мн)	[pɔméhi]
auscultador (m)	трубка (ж)	[trúpka]
pegar o telefone	снять трубку	[snʲátʲ trúpku]
desligar (vi)	положить трубку	[pɔlɔʒītʲ trúpku]
ocupado	занятый	[zánɪtij]
tocar (vi)	звонить (нсв, нпх)	[zvɔnítʲ]
lista (f) telefónica	телефонная книга (ж)	[telefónnaja kníga]
local	местный	[mésnij]
chamada (f) local	местный звонок (м)	[mésnij zvɔnók]
de longa distância	междугородний	[meʒdugɔródnij]
chamada (f) de longa distância	междугородний звонок (м)	[meʒdugɔródnij zvɔnók]

| internacional | международный | [meʒdunaródnɨj] |
| chamada (f) internacional | международный звонок | [meʒdunaródnɨj zvɔnók] |

80. Telefone móvel

telemóvel (m)	мобильный телефон (м)	[mɔbílʲnɨj telefón]
ecrã (m)	дисплей (м)	[displǽj]
botão (m)	кнопка (ж)	[knópka]
cartão SIM (m)	SIM-карта (ж)	[sim-kárta]

bateria (f)	батарея (ж)	[bataréja]
descarregar-se	разрядиться (св, возв)	[razrɨdítsa]
carregador (m)	зарядное устройство (с)	[zarʲádnɔe ustrójstvɔ]

| menu (m) | меню (с) | [menʲú] |
| definições (f pl) | настройки (ж мн) | [nastrójki] |

| melodia (f) | мелодия (ж) | [melódija] |
| escolher (vt) | выбрать (св, пх) | [vɨbratʲ] |

calculadora (f)	калькулятор (м)	[kalʲkulʲátɔr]
correio (m) de voz	голосовая почта (ж)	[gɔlɔsɔvája pótʃta]
despertador (m)	будильник (м)	[budílʲnik]
contatos (m pl)	телефонная книга (ж)	[telefónnaja knɨ́ga]

| mensagem (f) de texto | SMS-сообщение (с) | [ɛs·ɛm·ǽs-sɔɔpʃénie] |
| assinante (m) | абонент (м) | [abɔnént] |

81. Estacionário

| caneta (f) | шариковая ручка (ж) | [ʃárikɔvaja rútʃka] |
| caneta (f) tinteiro | перьевая ручка (ж) | [perjevája rútʃka] |

lápis (m)	карандаш (м)	[karandáʃ]
marcador (m)	маркер (м)	[márker]
caneta (f) de feltro	фломастер (м)	[flɔmáster]

| bloco (m) de notas | блокнот (м) | [blɔknót] |
| agenda (f) | ежедневник (м) | [eʒednévnik] |

régua (f)	линейка (ж)	[linéjka]
calculadora (f)	калькулятор (м)	[kalʲkulʲátɔr]
borracha (f)	ластик (м)	[lástik]

| pionés (m) | кнопка (ж) | [knópka] |
| clipe (m) | скрепка (ж) | [skrépka] |

| cola (f) | клей (м) | [kléj] |
| agrafador (m) | степлер (м) | [stǽpler] |

| furador (m) | дырокол (м) | [dɨrɔkól] |
| afia-lápis (m) | точилка (ж) | [tɔtʃílka] |

82. Tipos de negócios

serviços (m pl) de contabilidade	бухгалтерские услуги (ж мн)	[buhgálterskie uslúgi]
publicidade (f)	реклама (ж)	[rekláma]
agência (f) de publicidade	рекламное агентство (с)	[reklámnɔe agénstvɔ]
ar (m) condicionado	кондиционеры (м мн)	[kɔnditsionéri]
companhia (f) aérea	авиакомпания (ж)	[avia·kɔmpánija]

bebidas (f pl) alcoólicas	спиртные напитки (м мн)	[spirtnīe napítki]
comércio (m) de antiguidades	антиквариат (м)	[antikvariát]
galeria (f) de arte	арт-галерея (ж)	[art-galeréja]
serviços (m pl) de auditoria	аудиторские услуги (ж мн)	[audítɔrskie uslúgi]

negócios (m pl) bancários	банковский бизнес (м)	[bánkɔfskij bíznɛs]
bar (m)	бар (м)	[bár]
salão (m) de beleza	салон (м) красоты	[salón krasɔtī́]
livraria (f)	книжный магазин (м)	[knízhnij magazín]
cervejaria (f)	пивоварня (ж)	[pivɔvárnʲa]
centro (m) de escritórios	бизнес-центр (м)	[bíznɛs-tsǽntr]
escola (f) de negócios	бизнес-школа (ж)	[bíznɛs-ʃkóla]

casino (m)	казино (с)	[kazinó]
construção (f)	строительство (с)	[strɔítelʲstvɔ]
serviços (m pl) de consultoria	консалтинг (м)	[kɔnsálting]

estomatologia (f)	стоматология (ж)	[stɔmatɔlógija]
design (m)	дизайн (м)	[dizájn]
farmácia (f)	аптека (ж)	[aptéka]
lavandaria (f)	химчистка (ж)	[himtʃístka]
agência (f) de emprego	кадровое агентство (с)	[kádrɔvɔe agénstvɔ]

serviços (m pl) financeiros	финансовые услуги (ж мн)	[finánsɔvie uslúgi]
alimentos (m pl)	продукты (м мн) питания	[prɔdúkti pitánija]
agência (f) funerária	похоронное бюро (с)	[pɔhɔrónnɔe bʲuró]
mobiliário (m)	мебель (ж)	[mébelʲ]
roupa (f)	одежда (ж)	[ɔdéʒda]
hotel (m)	гостиница (ж)	[gɔstínitsa]

gelado (m)	мороженое (с)	[mɔróʒenɔe]
indústria (f)	промышленность (ж)	[prɔmī́ʃlenɔstʲ]
seguro (m)	страхование (с)	[strahɔvánie]
internet (f)	интернет (м)	[intɛrnǽt]
investimento (m)	инвестиции (ж мн)	[investítsii]

joalheiro (m)	ювелир (м)	[juvelír]
joias (f pl)	ювелирные изделия (с мн)	[juvelírnie izdélija]
lavandaria (f)	прачечная (ж)	[prátʃetʃnaja]
serviços (m pl) jurídicos	юридические услуги (ж мн)	[juridítʃeskie uslúgi]
indústria (f) ligeira	лёгкая промышленность (ж)	[lǿhkaja prɔmī́ʃlenɔstʲ]

revista (f)	журнал (м)	[ʒurnál]
vendas (f pl) por catálogo	торговля (ж) по каталогу	[tɔrgóvlʲa pɔ katalógu]
medicina (f)	медицина (ж)	[meditsī́na]

cinema (m)	кинотеатр (м)	[kinɔteátr]
museu (m)	музей (м)	[muzéj]
agência (f) de notícias	информационное агентство (с)	[infɔrmatsiónnɔe agénstvɔ]
jornal (m)	газета (ж)	[gazéta]
clube (m) noturno	ночной клуб (м)	[nɔtʃnój klúb]
petróleo (m)	нефть (ж)	[néftʲ]
serviço (m) de encomendas	курьерская служба (ж)	[kurjérskaja slúʒba]
indústria (f) farmacêutica	фармацевтика (ж)	[farmatsǽftika]
poligrafia (f)	полиграфия (ж)	[pɔligrafíja]
editora (f)	издательство (с)	[izdátelʲstvɔ]
rádio (m)	радио (с)	[rádiɔ]
imobiliário (m)	недвижимость (ж)	[nedvíʒimɔstʲ]
restaurante (m)	ресторан (м)	[restɔrán]
empresa (f) de segurança	охранное агентство (с)	[ɔhránnɔe agénstvɔ]
desporto (m)	спорт (м)	[spórt]
bolsa (f)	биржа (ж)	[bírʒa]
loja (f)	магазин (м)	[magazín]
supermercado (m)	супермаркет (м)	[supermárket]
piscina (f)	бассейн (м)	[basǽjn]
alfaiataria (f)	ателье (с)	[atɛljé]
televisão (f)	телевидение (с)	[televídenje]
teatro (m)	театр (м)	[teátr]
comércio (atividade)	торговля (ж)	[tɔrgóvlʲa]
serviços (m pl) de transporte	перевозки (ж мн)	[perevóski]
viagens (f pl)	туризм (м)	[turízm]
veterinário (m)	ветеринар (м)	[veterinár]
armazém (m)	склад (м)	[sklád]
recolha (f) do lixo	вывоз (м) мусора	[vývɔs músɔra]

Emprego. Negócios. Parte 2

83. Espetáculo. Feira

feira (f)	выставка (ж)	[vɪ̃stafka]
feira (f) comercial	торговая выставка (ж)	[tɔrgóvaja vɪ̃stafka]
participação (f)	участие (с)	[utʃástie]
participar (vi)	участвовать (нсв, нпх)	[utʃástvɔvatʲ]
participante (m)	участник (м)	[utʃásnik]
diretor (m)	директор (м)	[dirέktɔr]
direção (f)	дирекция (ж)	[dirέktsija]
organizador (m)	организатор (м)	[ɔrganizátɔr]
organizar (vt)	организовывать (нсв, пх)	[ɔrganizóvivatʲ]
ficha (f) de inscrição	заявка (ж) на участие	[zajáfka na utʃástie]
preencher (vt)	заполнить (св, пх)	[zapólnitʲ]
detalhes (m pl)	детали (ж мн)	[detáli]
informação (f)	информация (ж)	[infɔrmátsija]
preço (m)	цена (ж)	[tsɛná]
incluindo	включая	[fklʲutʃája]
incluir (vt)	включать (нсв, пх)	[fklʲutʃátʲ]
pagar (vt)	платить (нсв, н/пх)	[platítʲ]
taxa (f) de inscrição	регистрационный взнос (м)	[registratsiónij vznós]
entrada (f)	вход (м)	[fhód]
pavilhão (m)	павильон (м)	[paviljón]
inscrever (vt)	регистрировать (нсв, пх)	[registrírɔvatʲ]
crachá (m)	бэдж (м)	[bæ̃dʒ]
stand (m)	выставочный стенд (м)	[vɪ̃stavɔtʃnij stænd]
reservar (vt)	резервировать (н/св, пх)	[rezervírɔvatʲ]
vitrina (f)	витрина (ж)	[vitrína]
foco, spot (m)	светильник (м)	[svetílʲnik]
design (m)	дизайн (м)	[dizájn]
pôr, colocar (vt)	располагать (нсв, пх)	[raspɔlagátʲ]
ser colocado, -a	располагаться (нсв, возв)	[raspɔlagátsa]
distribuidor (m)	дистрибьютор (м)	[distribjútɔr]
fornecedor (m)	поставщик (м)	[pɔstafʃʲík]
fornecer (vt)	поставлять (нсв, пх)	[pɔstavlʲátʲ]
país (m)	страна (ж)	[straná]
estrangeiro	иностранный	[inɔstránnij]
produto (m)	продукт (м)	[prɔdúkt]
associação (f)	ассоциация (ж)	[asɔtsiátsija]

sala (f) de conferências	конференц-зал (м)	[kɔnferénts-zál]
congresso (m)	конгресс (м)	[kɔngrés]
concurso (m)	конкурс (м)	[kónkurs]
visitante (m)	посетитель (м)	[pɔsetítelʲ]
visitar (vt)	посещать (нсв, пх)	[pɔseʃátʲ]
cliente (m)	заказчик (м)	[zakáʃik]

84. Ciência. Investigação. Cientistas

ciência (f)	наука (ж)	[naúka]
científico	научный	[naútʃnij]
cientista (m)	учёный (м)	[utʃónij]
teoria (f)	теория (ж)	[teórija]
axioma (m)	аксиома (ж)	[aksióma]
análise (f)	анализ (м)	[análís]
analisar (vt)	анализировать (нсв, пх)	[analizírɔvatʲ]
argumento (m)	аргумент (м)	[argumént]
substância (f)	вещество (с)	[veʃʲestvó]
hipótese (f)	гипотеза (ж)	[gipóteza]
dilema (m)	дилемма (ж)	[diléma]
tese (f)	диссертация (ж)	[disertátsija]
dogma (m)	догма (ж)	[dógma]
doutrina (f)	доктрина (ж)	[dɔktrína]
pesquisa (f)	исследование (с)	[islédɔvanie]
pesquisar (vt)	исследовать (н/св, пх)	[islédɔvatʲ]
teste (m)	контроль (м)	[kɔntrólʲ]
laboratório (m)	лаборатория (ж)	[labɔratórija]
método (m)	метод (м)	[métɔd]
molécula (f)	молекула (ж)	[mɔlékula]
monitoramento (m)	мониторинг (м)	[mɔnitóring]
descoberta (f)	открытие (с)	[ɔtkrĩtie]
postulado (m)	постулат (м)	[pɔstulát]
princípio (m)	принцип (м)	[príntsip]
prognóstico (previsão)	прогноз (м)	[prɔgnós]
prognosticar (vt)	прогнозировать (нсв, пх)	[prɔgnɔzírɔvatʲ]
síntese (f)	синтез (м)	[síntɛs]
tendência (f)	тенденция (ж)	[tɛndǽntsija]
teorema (m)	теорема (ж)	[teɔréma]
ensinamentos (m pl)	учение (с)	[utʃénie]
facto (m)	факт (м)	[fákt]
expedição (f)	экспедиция (ж)	[ɛkspedítsija]
experiência (f)	эксперимент (м)	[ɛksperimént]
académico (m)	академик (м)	[akadémik]
bacharel (m)	бакалавр (м)	[bakalávr]
doutor (m)	доктор (м)	[dóktɔr]

docente (m)	**доцент** (м)	[dɔtsǽnt]
mestre (m)	**магистр** (м)	[magístr]
professor (m) catedrático	**профессор** (м)	[prɔfésɔr]

Profissões e ocupações

85. Procura de emprego. Demissão

trabalho (m)	работа (ж)	[rabóta]
equipa (f)	сотрудники (мн)	[sɔtrúdniki]
pessoal (m)	персонал (м)	[persɔnál]
carreira (f)	карьера (ж)	[karjéra]
perspetivas (f pl)	перспектива (ж)	[perspektíva]
mestria (f)	мастерство (с)	[masterstvó]
seleção (f)	подбор (м)	[pɔdbór]
agência (f) de emprego	кадровое агентство (с)	[kádrɔvɔe agénstvɔ]
CV, currículo (m)	резюме (с)	[rezʲumé]
entrevista (f) de emprego	собеседование (с)	[sɔbesédɔvanie]
vaga (f)	вакансия (ж)	[vakánsija]
salário (m)	зарплата (ж)	[zarpláta]
salário (m) fixo	оклад (м)	[ɔklád]
pagamento (m)	оплата (ж)	[ɔpláta]
posto (m)	должность (ж)	[dólʒnɔstʲ]
dever (do empregado)	обязанность (ж)	[ɔbʲázanɔstʲ]
gama (f) de deveres	круг (м)	[krúg]
ocupado	занятой	[zanıtój]
despedir, demitir (vt)	уволить (св, пх)	[uvólitʲ]
demissão (f)	увольнение (с)	[uvɔlʲnénie]
desemprego (m)	безработица (ж)	[bezrabótitsa]
desempregado (m)	безработный (м)	[bezrabótnij]
reforma (f)	пенсия (ж)	[pénsija]
reformar-se	уйти на пенсию	[ujtí na pénsiju]

86. Gente de negócios

diretor (m)	директор (м)	[diréktɔr]
gerente (m)	управляющий (м)	[upravlʲájuʃʲij]
patrão, chefe (m)	руководитель, шеф (м)	[rukɔvɔdítelʲ], [ʃǽf]
superior (m)	начальник (м)	[natʃálʲnik]
superiores (m pl)	начальство (с)	[natʃálʲstvɔ]
presidente (m)	президент (м)	[prezidént]
presidente (m) de direção	председатель (м)	[pretsedátelʲ]
substituto (m)	заместитель (м)	[zamestítelʲ]
assistente (m)	помощник (м)	[pɔmóʃnik]

secretário (m)	секретарь (м)	[sekretárʲ]
secretário (m) pessoal	личный секретарь (м)	[lítʃnij sekretárʲ]
homem (m) de negócios	бизнесмен (м)	[biznɛsmén]
empresário (m)	предприниматель (м)	[pretprinimátelʲ]
fundador (m)	основатель (м)	[ɔsnɔvátelʲ]
fundar (vt)	основать (св, пх)	[ɔsnɔvátʲ]
fundador, sócio (m)	учредитель (м)	[utʃredítelʲ]
parceiro, sócio (m)	партнёр (м)	[partnǿr]
acionista (m)	акционер (м)	[aktsiɔnér]
milionário (m)	миллионер (м)	[miliɔnér]
bilionário (m)	миллиардер (м)	[miliardér]
proprietário (m)	владелец (м)	[vladélets]
proprietário (m) de terras	землевладелец (м)	[zemle·vladélets]
cliente (m)	клиент (м)	[kliént]
cliente (m) habitual	постоянный клиент (м)	[pɔstɔjánnij kliént]
comprador (m)	покупатель (м)	[pɔkupátelʲ]
visitante (m)	посетитель (м)	[pɔsetítelʲ]
profissional (m)	профессионал (м)	[prɔfesiɔnál]
perito (m)	эксперт (м)	[ɛkspért]
especialista (m)	специалист (м)	[spetsialíst]
banqueiro (m)	банкир (м)	[bankír]
corretor (m)	брокер (м)	[brókerr]
caixa (m, f)	кассир (м)	[kassír]
contabilista (m)	бухгалтер (м)	[buhgálter]
guarda (m)	охранник (м)	[ɔhránnik]
investidor (m)	инвестор (м)	[invéstɔr]
devedor (m)	должник (м)	[dɔlʒník]
credor (m)	кредитор (м)	[kreditór]
mutuário (m)	заёмщик (м)	[zajómʃik]
importador (m)	импортёр (м)	[impɔrtǿr]
exportador (m)	экспортёр (м)	[ɛkspɔrtǿr]
produtor (m)	производитель (м)	[prɔizvɔdítelʲ]
distribuidor (m)	дистрибьютор (м)	[distribjútɔr]
intermediário (m)	посредник (м)	[pɔsrédnik]
consultor (m)	консультант (м)	[kɔnsulʲtánt]
representante (m)	представитель (м)	[pretstavítelʲ]
agente (m)	агент (м)	[agént]
agente (m) de seguros	страховой агент (м)	[strahɔvój agént]

87. Profissões de serviços

cozinheiro (m)	повар (м)	[póvar]
cozinheiro chefe (m)	шеф-повар (м)	[ʃæf-póvar]

padeiro (m)	пекарь (м)	[pékarʲ]
barman (m)	бармен (м)	[bármɛn]
empregado (m) de mesa	официант (м)	[ɔfitsiánt]
empregada (f) de mesa	официантка (ж)	[ɔfitsiántka]
advogado (m)	адвокат (м)	[advɔkát]
jurista (m)	юрист (м)	[juríst]
notário (m)	нотариус (м)	[nɔtárius]
eletricista (m)	электрик (м)	[ɛléktrik]
canalizador (m)	сантехник (м)	[santéhnik]
carpinteiro (m)	плотник (м)	[plótnik]
massagista (m)	массажист (м)	[masaʒíst]
massagista (f)	массажистка (ж)	[masaʒístka]
médico (m)	врач (м)	[vrátʃ]
taxista (m)	таксист (м)	[taksíst]
condutor (automobilista)	шофёр (м)	[ʃɔfǿr]
entregador (m)	курьер (м)	[kurjér]
camareira (f)	горничная (ж)	[górnitʃnaja]
guarda (m)	охранник (м)	[ɔhránnik]
hospedeira (f) de bordo	стюардесса (ж)	[stʲuardǽsa]
professor (m)	учитель (м)	[utʃítelʲ]
bibliotecário (m)	библиотекарь (м)	[bibliɔtékarʲ]
tradutor (m)	переводчик (м)	[perevóttʃik]
intérprete (m)	переводчик (м)	[perevóttʃik]
guia (pessoa)	гид (м)	[gíd]
cabeleireiro (m)	парикмахер (м)	[parikmáher]
carteiro (m)	почтальон (м)	[pɔtʃtaljón]
vendedor (m)	продавец (м)	[prɔdavéts]
jardineiro (m)	садовник (м)	[sadóvnik]
criado (m)	слуга (ж)	[slugá]
criada (f)	служанка (ж)	[sluʒánka]
empregada (f) de limpeza	уборщица (ж)	[ubórʃitsa]

88. Profissões militares e postos

soldado (m) raso	рядовой (м)	[rɪdɔvój]
sargento (m)	сержант (м)	[serʒánt]
tenente (m)	лейтенант (м)	[lejtenánt]
capitão (m)	капитан (м)	[kapitán]
major (m)	майор (м)	[majór]
coronel (m)	полковник (м)	[pɔlkóvnik]
general (m)	генерал (м)	[generál]
marechal (m)	маршал (м)	[márʃal]
almirante (m)	адмирал (м)	[admirál]
militar (m)	военный (м)	[vɔénnij]
soldado (m)	солдат (м)	[sɔldát]

oficial (m)	офицер (м)	[ɔfitsǽr]
comandante (m)	командир (м)	[kɔmandír]
guarda (m) fronteiriço	пограничник (м)	[pɔgranítʃnik]
operador (m) de rádio	радист (м)	[radíst]
explorador (m)	разведчик (м)	[razvéttʃik]
sapador (m)	сапёр (м)	[sapǿr]
atirador (m)	стрелок (м)	[strelók]
navegador (m)	штурман (м)	[ʃtúrman]

89. Oficiais. Padres

rei (m)	король (м)	[kɔrólʲ]
rainha (f)	королева (ж)	[kɔrɔléva]
príncipe (m)	принц (м)	[prínts]
princesa (f)	принцесса (ж)	[printsǽsa]
czar (m)	царь (м)	[tsárʲ]
czarina (f)	царица (ж)	[tsarítsa]
presidente (m)	президент (м)	[prezidént]
ministro (m)	министр (м)	[minístr]
primeiro-ministro (m)	премьер-министр (м)	[premjér-minístr]
senador (m)	сенатор (м)	[senátɔr]
diplomata (m)	дипломат (м)	[diplɔmát]
cônsul (m)	консул (м)	[kónsul]
embaixador (m)	посол (м)	[pɔsól]
conselheiro (m)	советник (м)	[sɔvétnik]
funcionário (m)	чиновник (м)	[tʃinóvnik]
prefeito (m)	префект (м)	[prefékt]
Presidente (m) da Câmara	мэр (м)	[mǽr]
juiz (m)	судья (ж)	[sudjá]
procurador (m)	прокурор (м)	[prɔkurór]
missionário (m)	миссионер (м)	[misiɔnér]
monge (m)	монах (м)	[mɔnáh]
abade (m)	аббат (м)	[abát]
rabino (m)	раввин (м)	[ravín]
vizir (m)	визирь (м)	[vizírʲ]
xá (m)	шах (м)	[ʃáh]
xeque (m)	шейх (м)	[ʃǽjh]

90. Profissões agrícolas

apicultor (m)	пчеловод (м)	[ptʃelɔvód]
pastor (m)	пастух (м)	[pastúh]
agrónomo (m)	агроном (м)	[agrɔnóm]

criador (m) de gado	животновод (м)	[ʒivotnovód]
veterinário (m)	ветеринар (м)	[veterinár]

agricultor (m)	фермер (м)	[férmer]
vinicultor (m)	винодел (м)	[vinɔdél]
zoólogo (m)	зоолог (м)	[zɔólɔg]
cowboy (m)	ковбой (м)	[kɔvbój]

91. Profissões artísticas

ator (m)	актёр (м)	[aktǿr]
atriz (f)	актриса (ж)	[aktrísa]

cantor (m)	певец (м)	[pevéts]
cantora (f)	певица (ж)	[pevítsa]

bailarino (m)	танцор (м)	[tantsór]
bailarina (f)	танцовщица (ж)	[tantsófʃitsa]

artista (m)	артист (м)	[artíst]
artista (f)	артистка (ж)	[artístka]

músico (m)	музыкант (м)	[muzikánt]
pianista (m)	пианист (м)	[pianíst]
guitarrista (m)	гитарист (м)	[gitaríst]

maestro (m)	дирижёр (м)	[diriʒór]
compositor (m)	композитор (м)	[kɔmpɔzítɔr]
empresário (m)	импресарио (м)	[impresáriɔ]

realizador (m)	режиссёр (м)	[reʒisǿr]
produtor (m)	продюсер (м)	[prɔdʲúsɛr]
argumentista (m)	сценарист (м)	[stsɛnaríst]
crítico (m)	критик (м)	[krítik]

escritor (m)	писатель (м)	[pisátelʲ]
poeta (m)	поэт (м)	[pɔǽt]
escultor (m)	скульптор (м)	[skúlʲptɔr]
pintor (m)	художник (м)	[hudóʒnik]

malabarista (m)	жонглёр (м)	[ʒɔnglǿr]
palhaço (m)	клоун (м)	[klóun]
acrobata (m)	акробат (м)	[akrɔbát]
mágico (m)	фокусник (м)	[fókusnik]

92. Várias profissões

médico (m)	врач (м)	[vrátʃ]
enfermeira (f)	медсестра (ж)	[metsestrá]
psiquiatra (m)	психиатр (м)	[psihiátr]
estomatologista (m)	стоматолог (м)	[stɔmatólɔg]
cirurgião (m)	хирург (м)	[hirúrg]

astronauta (m)	астронавт (м)	[astrɔnávt]
astrónomo (m)	астроном (м)	[astrɔnóm]
motorista (m)	водитель (м)	[vɔdítelʲ]
maquinista (m)	машинист (м)	[maʃiníst]
mecânico (m)	механик (м)	[mehánik]
mineiro (m)	шахтёр (м)	[ʃahtǿr]
operário (m)	рабочий (м)	[rabótʃij]
serralheiro (m)	слесарь (м)	[slésarʲ]
marceneiro (m)	столяр (м)	[stɔlʲár]
torneiro (m)	токарь (м)	[tókarʲ]
construtor (m)	строитель (м)	[strɔítelʲ]
soldador (m)	сварщик (м)	[svárʃik]
professor (m) catedrático	профессор (м)	[prɔfésɔr]
arquiteto (m)	архитектор (м)	[arhitektɔr]
historiador (m)	историк (м)	[istórik]
cientista (m)	учёный (м)	[utʃónij]
físico (m)	физик (м)	[fízik]
químico (m)	химик (м)	[hímik]
arqueólogo (m)	археолог (м)	[arheólɔg]
geólogo (m)	геолог (м)	[geólɔg]
pesquisador (cientista)	исследователь (м)	[islédɔvatelʲ]
babysitter (f)	няня (ж)	[nʲánʲa]
professor (m)	учитель (м)	[utʃítelʲ]
redator (m)	редактор (м)	[redáktɔr]
redator-chefe (m)	главный редактор (м)	[glávnij redáktɔr]
correspondente (m)	корреспондент (м)	[kɔrespɔndént]
datilógrafa (f)	машинистка (ж)	[maʃinístka]
designer (m)	дизайнер (м)	[dizájner]
especialista (m) em informática	компьютерщик (м)	[kɔmpjútɛrʃik]
programador (m)	программист (м)	[prɔgramíst]
engenheiro (m)	инженер (м)	[inʒenér]
marujo (m)	моряк (м)	[mɔrʲák]
marinheiro (m)	матрос (м)	[matrós]
salvador (m)	спасатель (м)	[spasátelʲ]
bombeiro (m)	пожарный (м)	[pɔʒárnij]
polícia (m)	полицейский (м)	[pɔlitsǽjskij]
guarda-noturno (m)	сторож (м)	[stórɔʃ]
detetive (m)	сыщик (м)	[sīʃʲik]
funcionário (m) da alfândega	таможенник (м)	[tamóʒenik]
guarda-costas (m)	телохранитель (м)	[telɔhranítelʲ]
guarda (m) prisional	охранник (м)	[ɔhránnik]
inspetor (m)	инспектор (м)	[inspéktɔr]
desportista (m)	спортсмен (м)	[spɔrtsmén]
treinador (m)	тренер (м)	[tréner]

talhante (m)	мясник (м)	[mısník]
sapateiro (m)	сапожник (м)	[sapóʒnik]
comerciante (m)	коммерсант (м)	[kɔmersánt]
carregador (m)	грузчик (м)	[grúʃik]
estilista (m)	модельер (м)	[mɔdɛljér]
modelo (f)	модель (ж)	[mɔdǽlʲ]

93. Ocupações. Estatuto social

aluno, escolar (m)	школьник (м)	[ʃkólʲnik]
estudante (~ universitária)	студент (м)	[studént]
filósofo (m)	философ (м)	[filósɔf]
economista (m)	экономист (м)	[ɛkɔnɔmíst]
inventor (m)	изобретатель (м)	[izɔbretátelʲ]
desempregado (m)	безработный (м)	[bezrabótnıj]
reformado (m)	пенсионер (м)	[pensionér]
espião (m)	шпион (м)	[ʃpión]
preso (m)	заключённый (м)	[zaklʲutʃónnıj]
grevista (m)	забастовщик (м)	[zabastófʃik]
burocrata (m)	бюрократ (м)	[bʲurɔkrát]
viajante (m)	путешественник (м)	[puteʃǽstvenik]
homossexual (m)	гомосексуалист (м)	[gɔmɔ·sɛksualíst]
hacker (m)	хакер (м)	[háker]
hippie	хиппи (м)	[híppi]
bandido (m)	бандит (м)	[bandít]
assassino (m) a soldo	наёмный убийца (м)	[najómnıj ubíjtsa]
toxicodependente (m)	наркоман (м)	[narkɔmán]
traficante (m)	торговец (м) наркотиками	[tɔrgóveʦ narkótikami]
prostituta (f)	проститутка (ж)	[prɔstitútka]
chulo (m)	сутенёр (м)	[sutenǿr]
bruxo (m)	колдун (м)	[kɔldún]
bruxa (f)	колдунья (ж)	[kɔldúnja]
pirata (m)	пират (м)	[pirát]
escravo (m)	раб (м)	[ráb]
samurai (m)	самурай (м)	[samurájj]
selvagem (m)	дикарь (м)	[dikárʲ]

Educação

94. Escola

escola (f)	школа (ж)	[ʃkóla]
diretor (m) de escola	директор (м) школы	[diréktɔr ʃkóli]

aluno (m)	ученик (м)	[utʃeník]
aluna (f)	ученица (ж)	[utʃenítsa]
escolar (m)	школьник (м)	[ʃkólʲnik]
escolar (f)	школьница (ж)	[ʃkólʲnitsa]

ensinar (vt)	учить (нсв, пх)	[utʃítʲ]
aprender (vt)	учить (нсв, пх)	[utʃítʲ]
aprender de cor	учить наизусть	[utʃítʲ naizústʲ]

estudar (vi)	учиться (нсв, возв)	[utʃítsa]
andar na escola	учиться (нсв, возв)	[utʃítsa]
ir à escola	идти в школу	[itʲtí f ʃkólu]

alfabeto (m)	алфавит (м)	[alfavít]
disciplina (f)	предмет (м)	[predmét]

sala (f) de aula	класс (м)	[klás]
lição (f)	урок (м)	[urók]
recreio (m)	перемена (ж)	[pereména]
toque (m)	звонок (м)	[zvɔnók]
carteira (f)	парта (ж)	[párta]
quadro (m) negro	доска (ж)	[dɔská]

nota (f)	отметка (ж)	[ɔtmétka]
boa nota (f)	хорошая отметка (ж)	[hɔróʃaja ɔtmétka]
nota (f) baixa	плохая отметка (ж)	[plɔhája ɔtmétka]
dar uma nota	ставить отметку	[stávitʲ ɔtmétku]

erro (m)	ошибка (ж)	[ɔʃípka]
fazer erros	делать ошибки	[délatʲ ɔʃípki]
corrigir (vt)	исправлять (нсв, пх)	[ispravlʲátʲ]
cábula (f)	шпаргалка (ж)	[ʃpargálka]

dever (m) de casa	домашнее задание (с)	[dɔmáʃnee zadánie]
exercício (m)	упражнение (с)	[upraʒnénie]

estar presente	присутствовать (нсв, нпх)	[prisútstvɔvatʲ]
estar ausente	отсутствовать (нсв, нпх)	[ɔtsútstvɔvatʲ]
faltar às aulas	пропускать уроки	[prɔpuskátʲ uróki]

punir (vt)	наказывать (нсв, пх)	[nakázivatʲ]
punição (f)	наказание (с)	[nakazánie]
comportamento (m)	поведение (с)	[pɔvedénie]

boletim (m) escolar	дневник (м)	[dnevník]
lápis (m)	карандаш (м)	[karandáʃ]
borracha (f)	ластик (м)	[lástik]
giz (m)	мел (м)	[mél]
estojo (m)	пенал (м)	[penál]
pasta (f) escolar	портфель (м)	[pɔrtfélʲ]
caneta (f)	ручка (ж)	[rútʃka]
caderno (m)	тетрадь (ж)	[tetrátʲ]
manual (m) escolar	учебник (м)	[utʃébnik]
compasso (m)	циркуль (м)	[tsïrkulʲ]
traçar (vt)	чертить (нсв, пх)	[tʃertítʲ]
desenho (m) técnico	чертёж (м)	[tʃertǿʃ]
poesia (f)	стихотворение (с)	[stihotvorénie]
de cor	наизусть	[naizústʲ]
aprender de cor	учить наизусть	[utʃítʲ naizústʲ]
férias (f pl)	каникулы (мн)	[kaníkulï]
estar de férias	быть на каникулах	[bïtʲ na kaníkulah]
passar as férias	провести каникулы	[provestí kaníkulï]
teste (m)	контрольная работа (ж)	[kontrólʲnaja rabóta]
composição, redação (f)	сочинение (с)	[sotʃinénie]
ditado (m)	диктант (м)	[diktánt]
exame (m)	экзамен (м)	[ɛkzámen]
fazer exame	сдавать экзамены	[zdavátʲ ɛkzámenï]
experiência (~ química)	опыт (м)	[ópït]

95. Colégio. Universidade

academia (f)	академия (ж)	[akadémija]
universidade (f)	университет (м)	[universitét]
faculdade (f)	факультет (м)	[fakulʲtét]
estudante (m)	студент (м)	[studént]
estudante (f)	студентка (ж)	[studéntka]
professor (m)	преподаватель (м)	[prepodavátelʲ]
sala (f) de palestras	аудитория (ж)	[auditórija]
graduado (m)	выпускник (м)	[vïpuskník]
diploma (m)	диплом (м)	[diplóm]
tese (f)	диссертация (ж)	[disertátsija]
estudo (obra)	исследование (с)	[islédovanie]
laboratório (m)	лаборатория (ж)	[laboratórija]
palestra (f)	лекция (ж)	[léktsija]
colega (m) de curso	однокурсник (м)	[odnokúrsnik]
bolsa (f) de estudos	стипендия (ж)	[stipéndija]
grau (m) académico	учёная степень (ж)	[utʃónaja stépenʲ]

96. Ciências. Disciplinas

matemática (f)	математика (ж)	[matemátika]
álgebra (f)	алгебра (ж)	[álgebra]
geometria (f)	геометрия (ж)	[geométrija]
astronomia (f)	астрономия (ж)	[astronómija]
biologia (f)	биология (ж)	[biológija]
geografia (f)	география (ж)	[geográfija]
geologia (f)	геология (ж)	[geológija]
história (f)	история (ж)	[istórija]
medicina (f)	медицина (ж)	[meditsīna]
pedagogia (f)	педагогика (ж)	[pedagógika]
direito (m)	право (с)	[právɔ]
física (f)	физика (ж)	[fízika]
química (f)	химия (ж)	[hímija]
filosofia (f)	философия (ж)	[filosófija]
psicologia (f)	психология (ж)	[psihológija]

97. Sistema de escrita. Ortografia

gramática (f)	грамматика (ж)	[gramátika]
vocabulário (m)	лексика (ж)	[léksika]
fonética (f)	фонетика (ж)	[fonǽtika]
substantivo (m)	существительное (с)	[suʃestvítelʲnɔe]
adjetivo (m)	прилагательное (с)	[prilagátelʲnɔe]
verbo (m)	глагол (м)	[glagól]
advérbio (m)	наречие (с)	[narétʃie]
pronome (m)	местоимение (с)	[mestɔiménie]
interjeição (f)	междометие (с)	[meʒdɔmétie]
preposição (f)	предлог (м)	[predlóg]
raiz (f) da palavra	корень (м) слова	[kórenʲ slóva]
terminação (f)	окончание (с)	[ɔkɔntʃánie]
prefixo (m)	приставка (ж)	[pristáfka]
sílaba (f)	слог (м)	[slóg]
sufixo (m)	суффикс (м)	[súfiks]
acento (m)	ударение (с)	[udarénie]
apóstrofo (m)	апостроф (м)	[apóstrɔf]
ponto (m)	точка (ж)	[tótʃka]
vírgula (f)	запятая (ж)	[zapıtája]
ponto e vírgula (m)	точка (ж) с запятой	[tótʃka s zapıtój]
dois pontos (m pl)	двоеточие (с)	[dvɔetótʃie]
reticências (f pl)	многоточие (с)	[mnɔgɔtótʃie]
ponto (m) de interrogação	вопросительный знак (м)	[vɔprɔsítelʲnıj znák]
ponto (m) de exclamação	восклицательный знак (м)	[vɔsklitsátelʲnıj znák]

aspas (f pl)	кавычки (ж мн)	[kavťtʃki]
entre aspas	в кавычках	[f kavťtʃkah]
parênteses (m pl)	скобки (ж мн)	[skópki]
entre parênteses	в скобках	[f skópkah]
hífen (m)	дефис (м)	[defís]
travessão (m)	тире (с)	[tirǽ]
espaço (m)	пробел (м)	[prɔbél]
letra (f)	буква (ж)	[búkva]
letra (f) maiúscula	большая буква (ж)	[bɔlʲʃája búkva]
vogal (f)	гласный звук (м)	[glásnij zvúk]
consoante (f)	согласный звук (м)	[sɔglásnij zvúk]
frase (f)	предложение (с)	[predlɔʒǽnie]
sujeito (m)	подлежащее (с)	[pɔdleʒáʃee]
predicado (m)	сказуемое (с)	[skazúemɔe]
linha (f)	строка (ж)	[strɔká]
em uma nova linha	с новой строки	[s nóvɔj strɔkí]
parágrafo (m)	абзац (м)	[abzáts]
palavra (f)	слово (с)	[slóvɔ]
grupo (m) de palavras	словосочетание (с)	[slɔvɔ·sɔtʃetánie]
expressão (f)	выражение (с)	[viraʒǽnie]
sinónimo (m)	синоним (м)	[sinónim]
antónimo (m)	антоним (м)	[antónim]
regra (f)	правило (с)	[právilɔ]
exceção (f)	исключение (с)	[isklʲutʃénie]
correto	верный	[vérnij]
conjugação (f)	спряжение (с)	[sprıʒǽnie]
declinação (f)	склонение (с)	[sklɔnénie]
caso (m)	падеж (м)	[padéʃ]
pergunta (f)	вопрос (м)	[vɔprós]
sublinhar (vt)	подчеркнуть (св, пх)	[pɔtʃerknútʲ]
linha (f) pontilhada	пунктир (м)	[punktír]

98. Línguas estrangeiras

língua (f)	язык (м)	[jızīk]
estrangeiro	иностранный	[inɔstránnij]
língua (f) estrangeira	иностранный язык (м)	[inɔstránnij jızīk]
estudar (vt)	изучать (нсв, пх)	[izutʃátʲ]
aprender (vt)	учить (нсв, пх)	[utʃítʲ]
ler (vt)	читать (нсв, н/пх)	[tʃitátʲ]
falar (vi)	говорить (нсв, н/пх)	[gɔvɔrítʲ]
compreender (vt)	понимать (нсв, пх)	[pɔnimátʲ]
escrever (vt)	писать (нсв, пх)	[pisátʲ]
rapidamente	быстро	[bīstrɔ]
devagar	медленно	[médlennɔ]

fluentemente	свободно	[svobódnə]
regras (f pl)	правила (с мн)	[právila]
gramática (f)	грамматика (ж)	[gramátika]
vocabulário (m)	лексика (ж)	[léksika]
fonética (f)	фонетика (ж)	[fɔnǽtika]
manual (m) escolar	учебник (м)	[utʃébnik]
dicionário (m)	словарь (м)	[slɔvárʲ]
manual (m) de autoaprendizagem	самоучитель (м)	[samɔutʃítelʲ]
guia (m) de conversação	разговорник (м)	[razgɔvórnik]
cassete (f)	кассета (ж)	[kaséta]
vídeo cassete (m)	видеокассета (ж)	[vídeɔ·kaséta]
CD (m)	компакт-диск (м)	[kɔmpákt-dísk]
DVD (m)	DVD-диск (м)	[di·vi·dí dísk]
alfabeto (m)	алфавит (м)	[alfavít]
soletrar (vt)	говорить по буквам	[gɔvɔrítʲ pɔ búkvam]
pronúncia (f)	произношение (с)	[prɔiznɔʃǽnie]
sotaque (m)	акцент (м)	[aktsǽnt]
com sotaque	с акцентом	[s aktsǽntɔm]
sem sotaque	без акцента	[bez aktsǽnta]
palavra (f)	слово (с)	[slóvɔ]
sentido (m)	смысл (м)	[smɨsl]
cursos (m pl)	курсы (мн)	[kúrsɨ]
inscrever-se (vr)	записаться (св, возв)	[zapisátsa]
professor (m)	преподаватель (м)	[prepɔdavátelʲ]
tradução (processo)	перевод (м)	[perevód]
tradução (texto)	перевод (м)	[perevód]
tradutor (m)	переводчик (м)	[perevóttʃik]
intérprete (m)	переводчик (м)	[perevóttʃik]
poliglota (m)	полиглот (м)	[pɔliglót]
memória (f)	память (ж)	[pámitʲ]

Descanso. Entretenimento. Viagens

99. Viagens

turismo (m)	туризм (м)	[turízm]
turista (m)	турист (м)	[turíst]
viagem (f)	путешествие (с)	[puteʃǽstvie]
aventura (f)	приключение (с)	[priklʲutʃénie]
viagem (f)	поездка (ж)	[pɔéstka]
férias (f pl)	отпуск (м)	[ótpusk]
estar de férias	быть в отпуске	[bɨtʲ v ótpuske]
descanso (m)	отдых (м)	[ótdɨh]
comboio (m)	поезд (м)	[pɔ́ezd]
de comboio (chegar ~)	поездом	[pɔ́ezdɔm]
avião (m)	самолёт (м)	[samɔlǿt]
de avião	самолётом	[samɔlǿtɔm]
de carro	на автомобиле	[na aftɔmɔbíle]
de navio	на корабле	[na kɔrablé]
bagagem (f)	багаж (м)	[bagáʃ]
mala (f)	чемодан (м)	[ʧemɔdán]
carrinho (m)	тележка (ж) для багажа	[teléʃka dlʲa bagaʒá]
passaporte (m)	паспорт (м)	[páspɔrt]
visto (m)	виза (ж)	[víza]
bilhete (m)	билет (м)	[bilét]
bilhete (m) de avião	авиабилет (м)	[aviabilét]
guia (m) de viagem	путеводитель (м)	[putevɔdítelʲ]
mapa (m)	карта (ж)	[kárta]
local (m), area (f)	местность (ж)	[mésnɔstʲ]
lugar, sítio (m)	место (с)	[méstɔ]
exotismo (m)	экзотика (ж)	[ɛkzótika]
exótico	экзотический	[ɛkzɔtíʧeskij]
surpreendente	удивительный	[udivítelʲnij]
grupo (m)	группа (ж)	[grúpa]
excursão (f)	экскурсия (ж)	[ɛkskúrsija]
guia (m)	экскурсовод (м)	[ɛkskursɔvód]

100. Hotel

hotel (m)	гостиница (ж)	[gɔstínitsa]
motel (m)	мотель (м)	[mɔtǽlʲ]
três estrelas	3 звезды	[trí zvezdɨ̄]

cinco estrelas	5 звёзд	[pʲátʲ zvʲózd]
ficar (~ num hotel)	остановиться (св, возв)	[ɔstanɔvítsa]
quarto (m)	номер (м)	[nómer]
quarto (m) individual	одноместный номер (м)	[ɔdnɔ·mésnij nómer]
quarto (m) duplo	двухместный номер (м)	[dvuh·mésnij nómer]
reservar um quarto	бронировать номер	[brɔnírɔvatʲ nómer]
meia pensão (f)	полупансион (м)	[pɔlu·pansión]
pensão (f) completa	полный пансион (м)	[pólnij pansión]
com banheira	с ванной	[s vánnɔj]
com duche	с душем	[s dúʃɛm]
televisão (m) satélite	спутниковое телевидение (с)	[spútnikɔvɔe televídenie]
ar (m) condicionado	кондиционер (м)	[kɔnditsionér]
toalha (f)	полотенце (с)	[pɔlɔténtse]
chave (f)	ключ (м)	[klʲútʃ]
administrador (m)	администратор (м)	[administrátɔr]
camareira (f)	горничная (ж)	[górnitʃnaja]
bagageiro (m)	носильщик (м)	[nɔsílʲʃik]
porteiro (m)	портье (с)	[pɔrtjé]
restaurante (m)	ресторан (м)	[restɔrán]
bar (m)	бар (м)	[bár]
pequeno-almoço (m)	завтрак (м)	[záftrak]
jantar (m)	ужин (м)	[úʒin]
buffet (m)	шведский стол (м)	[ʃvétskij stól]
hall (m) de entrada	вестибюль (м)	[vestibʲúlʲ]
elevador (m)	лифт (м)	[líft]
NÃO PERTURBE	НЕ БЕСПОКОИТЬ	[ne bespɔkóitʲ]
PROIBIDO FUMAR!	НЕ КУРИТЬ!	[ne kurítʲ]

EQUIPAMENTO TÉCNICO. TRANSPORTES

Equipamento técnico. Transportes

101. Computador

computador (m)	компьютер (м)	[kɔmpjútɛr]
portátil (m)	ноутбук (м)	[nɔutbúk]
ligar (vt)	включить (св, пх)	[fklʲutʃítʲ]
desligar (vt)	выключить (св, пх)	[vīklʲutʃitʲ]
teclado (m)	клавиатура (ж)	[klaviatúra]
tecla (f)	клавиша (ж)	[kláviʃa]
rato (m)	мышь (ж)	[mīʃ]
tapete (m) de rato	коврик (м)	[kóvrik]
botão (m)	кнопка (ж)	[knópka]
cursor (m)	курсор (м)	[kursór]
monitor (m)	монитор (м)	[mɔnitór]
ecrã (m)	экран (м)	[ɛkrán]
disco (m) rígido	жёсткий диск (м)	[ʒóstkij dísk]
capacidade (f) do disco rígido	объём (м) жёсткого диска	[ɔbjóm ʒóstkɔvɔ díska]
memória (f)	память (ж)	[pámıtʲ]
memória RAM (f)	оперативная память (ж)	[ɔperatívnaja pámıtʲ]
ficheiro (m)	файл (м)	[fájl]
pasta (f)	папка (ж)	[pápka]
abrir (vt)	открыть (св, пх)	[ɔtkrītʲ]
fechar (vt)	закрыть (св, пх)	[zakrītʲ]
guardar (vt)	сохранить (св, пх)	[sɔhranítʲ]
apagar, eliminar (vt)	удалить (св, пх)	[udalítʲ]
copiar (vt)	скопировать (св, пх)	[skɔpírɔvatʲ]
ordenar (vt)	сортировать (нсв, пх)	[sɔrtirɔvátʲ]
copiar (vt)	переписать (св, пх)	[perepisátʲ]
programa (m)	программа (ж)	[prɔgráma]
software (m)	программное обеспечение (с)	[prɔgrámnɔe ɔbespetʃénie]
programador (m)	программист (м)	[prɔgramíst]
programar (vt)	программировать (нсв, пх)	[prɔgramírɔvatʲ]
hacker (m)	хакер (м)	[háker]
senha (f)	пароль (м)	[paról^j]
vírus (m)	вирус (м)	[vírus]
detetar (vt)	обнаружить (св, пх)	[ɔbnarúʒitʲ]

byte (m)	байт (м)	[bájt]
megabyte (m)	мегабайт (м)	[megabájt]
dados (m pl)	данные (мн)	[dánnʲe]
base (f) de dados	база (ж) данных	[báza dánnɨh]
cabo (m)	кабель (м)	[kábelʲ]
desconectar (vt)	отсоединить (св, пх)	[ɔtsɔedinítʲ]
conetar (vt)	подсоединить (св, пх)	[pɔtsɔedinítʲ]

102. Internet. E-mail

internet (f)	интернет (м)	[intɛrnǽt]
browser (m)	браузер (м)	[bráuzer]
motor (m) de busca	поисковый ресурс (м)	[pɔiskóvɨj resúrs]
provedor (m)	провайдер (м)	[prɔvájder]
webmaster (m)	веб-мастер (м)	[vɛb-máster]
website, sítio web (m)	веб-сайт (м)	[vɛb-sájt]
página (f) web	веб-страница (ж)	[vɛb-stranítsa]
endereço (m)	адрес (м)	[ádres]
livro (m) de endereços	адресная книга (ж)	[ádresnaja kníga]
caixa (f) de correio	почтовый ящик (м)	[pɔtʃtóvɨj jáʃʲik]
correio (m)	почта (ж)	[pótʃta]
cheia (caixa de correio)	переполненный	[perepólnenɨj]
mensagem (f)	сообщение (с)	[sɔɔpʃʲénie]
mensagens (f pl) recebidas	входящие сообщения (с мн)	[fhɔdʲáʃʲie sɔɔpʃʲénija]
mensagens (f pl) enviadas	исходящие сообщения (с мн)	[isxɔdʲáʃʲie sɔɔpʃʲénija]
remetente (m)	отправитель (м)	[ɔtpravítelʲ]
enviar (vt)	отправить (св, пх)	[ɔtprávitʲ]
envio (m)	отправка (ж)	[ɔtpráfka]
destinatário (m)	получатель (м)	[pɔlutʃátelʲ]
receber (vt)	получить (св, пх)	[pɔlutʃítʲ]
correspondência (f)	переписка (ж)	[perepíska]
corresponder-se (vr)	переписываться (нсв, возв)	[perepísɨvatsa]
ficheiro (m)	файл (м)	[fájl]
fazer download, baixar	скачать (св, пх)	[skatʃátʲ]
criar (vt)	создать (св, пх)	[sɔzdátʲ]
apagar, eliminar (vt)	удалить (св, пх)	[udalítʲ]
eliminado	удалённый	[udalǿnnɨj]
conexão (f)	связь (ж)	[svʲásʲ]
velocidade (f)	скорость (ж)	[skórɔstʲ]
modem (m)	модем (м)	[mɔdǽm]
acesso (m)	доступ (м)	[dóstup]
porta (f)	порт (м)	[pórt]

conexão (f)	подключение (c)	[pɔtklʲutʃénie]
conetar (vi)	подключиться (св, возв)	[pɔtklʲutʃítsa]
escolher (vt)	выбрать (св, пх)	[vɨ̄bratʲ]
buscar (vt)	искать ... (нсв, пх)	[iskátʲ ...]

103. Eletricidade

eletricidade (f)	электричество (c)	[ɛlektrítʃestvɔ]
elétrico	электрический	[ɛlektrítʃeskij]
central (f) elétrica	электростанция (ж)	[ɛléktrɔ·stántsija]
energia (f)	энергия (ж)	[ɛnǽrgija]
energia (f) elétrica	электроэнергия (ж)	[ɛléktrɔ·ɛnǽrgija]
lâmpada (f)	лампочка (ж)	[lámpɔtʃka]
lanterna (f)	фонарь (м)	[fɔnárʲ]
poste (m) de iluminação	фонарь (м)	[fɔnárʲ]
luz (f)	свет (м)	[svét]
ligar (vt)	включать (нсв, пх)	[fklʲutʃátʲ]
desligar (vt)	выключать (нсв, пх)	[vɨklʲutʃátʲ]
apagar a luz	погасить свет	[pɔgasítʲ svét]
fundir (vi)	перегореть (св, нпх)	[peregɔrétʲ]
curto-circuito (m)	короткое замыкание (c)	[kɔrótkɔe zamɨkánie]
rutura (f)	обрыв (м)	[ɔbrɨ̄f]
contacto (m)	контакт (м)	[kɔntákt]
interruptor (m)	выключатель (м)	[vɨklʲutʃátelʲ]
tomada (f)	розетка (ж)	[rɔzétka]
ficha (f)	вилка (ж)	[vílka]
extensão (f)	удлинитель (м)	[udlinítelʲ]
fusível (m)	предохранитель (м)	[predɔhranítelʲ]
fio, cabo (m)	провод (м)	[próvɔd]
instalação (f) elétrica	проводка (ж)	[prɔvótka]
ampere (m)	ампер (м)	[ampér]
amperagem (f)	сила (ж) тока	[síla tóka]
volt (m)	вольт (м)	[vólʲt]
voltagem (f)	напряжение (c)	[naprɪʒǽnie]
aparelho (m) elétrico	электроприбор (м)	[ɛléktrɔ·pribór]
indicador (m)	индикатор (м)	[indikátɔr]
eletricista (m)	электрик (м)	[ɛléktrik]
soldar (vt)	паять (нсв, пх)	[pajátʲ]
ferro (m) de soldar	паяльник (м)	[pajálʲnik]
corrente (f) elétrica	ток (м)	[tók]

104. Ferramentas

ferramenta (f)	инструмент (м)	[instrumént]
ferramentas (f pl)	инструменты (м мн)	[instruméntɨ]

equipamento (m)	оборудование (с)	[ɔbɔrúdɔvanie]
martelo (m)	молоток (м)	[mɔlɔtók]
chave (f) de fendas	отвёртка (ж)	[ɔtvǿrtka]
machado (m)	топор (м)	[tɔpór]

serra (f)	пила (ж)	[pilá]
serrar (vt)	пилить (нсв, пх)	[pilítʲ]
plaina (f)	рубанок (м)	[rubánɔk]
aplainar (vt)	строгать (нсв, пх)	[strɔgátʲ]
ferro (m) de soldar	паяльник (м)	[pajálʲnik]
soldar (vt)	паять (нсв, пх)	[pajátʲ]

lima (f)	напильник (м)	[napílʲnik]
tenaz (f)	клещи (мн)	[kléʃi]
alicate (m)	плоскогубцы (мн)	[plɔskɔ·gúptsɨ]
formão (m)	стамеска (ж)	[staméska]

broca (f)	сверло (с)	[sverló]
berbequim (f)	дрель (ж)	[drélʲ]
furar (vt)	сверлить (нсв, пх)	[sverlítʲ]

faca (f)	нож (м)	[nóʃ]
lâmina (f)	лезвие (с)	[lézvie]

afiado	острый	[óstrɨj]
cego	тупой	[tupój]
embotar-se (vr)	затупиться (св, возв)	[zatupítsa]
afiar, amolar (vt)	точить (нсв, пх)	[tɔtʃítʲ]

parafuso (m)	болт (м)	[bólt]
porca (f)	гайка (ж)	[gájka]
rosca (f)	резьба (ж)	[rezʲbá]
parafuso (m) para madeira	шуруп (м)	[ʃurúp]

prego (m)	гвоздь (м)	[gvóstʲ]
cabeça (f) do prego	шляпка (ж)	[ʃlʲápka]

régua (f)	линейка (ж)	[linéjka]
fita (f) métrica	рулетка (ж)	[rulétka]
nível (m)	уровень (м)	[úrɔvenʲ]
lupa (f)	лупа (ж)	[lúpa]

medidor (m)	измерительный прибор (м)	[izmerítelʲnɨj pribór]
medir (vt)	измерять (нсв, пх)	[izmerʲátʲ]
escala (f)	шкала (ж)	[ʃkalá]
indicação (f), registo (m)	показание (с)	[pɔkazánie]

compressor (m)	компрессор (м)	[kɔmprésɔr]
microscópio (m)	микроскоп (м)	[mikrɔskóp]

bomba (f)	насос (м)	[nasós]
robô (m)	робот (м)	[róbɔt]
laser (m)	лазер (м)	[lázɛr]
chave (f) de boca	гаечный ключ (м)	[gáetʃnɨj klʲútʃ]
fita (f) adesiva	лента-скотч (м)	[lénta-skótʃ]

cola (f)	клей (м)	[kléj]
lixa (f)	наждачная бумага (ж)	[naʒdátʃnaja bumága]
mola (f)	пружина (ж)	[pruʒīna]
íman (m)	магнит (м)	[magnít]
luvas (f pl)	перчатки (ж мн)	[pertʃátki]

corda (f)	верёвка (ж)	[verófka]
cordel (m)	шнур (м)	[ʃnúr]
fio (m)	провод (м)	[próvɔd]
cabo (m)	кабель (м)	[kábelʲ]

marreta (f)	кувалда (ж)	[kuválda]
pé de cabra (m)	лом (м)	[lóm]
escada (f) de mão	лестница (ж)	[lésnitsa]
escadote (m)	стремянка (ж)	[stremʲánka]

enroscar (vt)	закручивать (нсв, пх)	[zakrútʃivatʲ]
desenroscar (vt)	откручивать (нсв, пх)	[ɔtkrútʃivatʲ]
apertar (vt)	зажимать (нсв, пх)	[zaʒɨmátʲ]
colar (vt)	приклеивать (нсв, пх)	[prikléivatʲ]
cortar (vt)	резать (нсв, пх)	[rézatʲ]

falha (mau funcionamento)	неисправность (ж)	[neisprávnɔstʲ]
conserto (m)	починка (ж)	[pɔtʃínka]
consertar, reparar (vt)	ремонтировать (нсв, пх)	[remɔntírɔvatʲ]
regular, ajustar (vt)	регулировать (нсв, пх)	[regulírɔvatʲ]

verificar (vt)	проверять (нсв, пх)	[prɔverʲátʲ]
verificação (f)	проверка (ж)	[prɔvérka]
indicação (f), registo (m)	показание (с)	[pɔkazánie]

seguro	надёжный	[nadóʒnij]
complicado	сложный	[slóʒnij]

enferrujar (vi)	ржаветь (нсв, нпх)	[rʒavétʲ]
enferrujado	ржавый	[rʒávij]
ferrugem (f)	ржавчина (ж)	[rʒáftʃina]

Transportes

105. Avião

avião (m)	самолёт (м)	[samɔlɵt]
bilhete (m) de avião	авиабилет (м)	[aviabilét]
companhia (f) aérea	авиакомпания (ж)	[avia·kɔmpánija]
aeroporto (m)	аэропорт (м)	[aɛrɔpórt]
supersónico	сверхзвуковой	[sverh·zvukɔvój]
comandante (m) do avião	командир (м) корабля	[kɔmandír kɔrablʲá]
tripulação (f)	экипаж (м)	[ɛkipáʃ]
piloto (m)	пилот (м)	[pilót]
hospedeira (f) de bordo	стюардесса (ж)	[stʲuardǽsa]
copiloto (m)	штурман (м)	[ʃtúrman]
asas (f pl)	крылья (с мн)	[krīlja]
cauda (f)	хвост (м)	[hvóst]
cabine (f) de pilotagem	кабина (ж)	[kabína]
motor (m)	двигатель (м)	[dvígatelʲ]
trem (m) de aterragem	шасси (с)	[ʃassí]
turbina (f)	турбина (ж)	[turbína]
hélice (f)	пропеллер (м)	[prɔpéller]
caixa-preta (f)	чёрный ящик (м)	[tʲórnij jáʃʲik]
coluna (f) de controlo	штурвал (м)	[ʃturvál]
combustível (m)	горючее (с)	[gɔrʲútʲee]
instruções (f pl) de segurança	инструкция по безопасности	[instrúktsija pɔ bezɔpásnɔsti]
máscara (f) de oxigénio	кислородная маска (ж)	[kislɔródnaja máska]
uniforme (m)	униформа (ж)	[unifórma]
colete (m) salva-vidas	спасательный жилет (м)	[spasátelʲnij ʒilét]
paraquedas (m)	парашют (м)	[paraʃút]
descolagem (f)	взлёт (м)	[vzlɵt]
descolar (vi)	взлетать (нсв, нпх)	[vzletátʲ]
pista (f) de descolagem	взлётная полоса (ж)	[vzlɵtnaja pɔlasá]
visibilidade (f)	видимость (ж)	[vídimɔstʲ]
voo (m)	полёт (м)	[pɔlɵt]
altura (f)	высота (ж)	[visɔtá]
poço (m) de ar	воздушная яма (ж)	[vɔzdúʃnaja jáma]
assento (m)	место (с)	[méstɔ]
auscultadores (m pl)	наушники (м мн)	[naúʃniki]
mesa (f) rebatível	откидной столик (м)	[ɔtkidnój stólik]
vigia (f)	иллюминатор (м)	[ilʲuminátɔr]
passagem (f)	проход (м)	[prɔhód]

106. Comboio

comboio (m)	поезд (м)	[póezd]
comboio (m) suburbano	электричка (ж)	[ɛlektrítʃka]
comboio (m) rápido	скорый поезд (м)	[skórij póezd]
locomotiva (f) diesel	тепловоз (м)	[teplɔvós]
locomotiva (f) a vapor	паровоз (м)	[parɔvós]

carruagem (f)	вагон (м)	[vagón]
carruagem restaurante (f)	вагон-ресторан (м)	[vagón-restɔrán]

carris (m pl)	рельсы (мн)	[rélʲsi]
caminho de ferro (m)	железная дорога (ж)	[ʒeléznaja dɔróga]
travessa (f)	шпала (ж)	[ʃpála]

plataforma (f)	платформа (ж)	[platfórma]
linha (f)	путь (м)	[pútʲ]
semáforo (m)	семафор (м)	[semafór]
estação (f)	станция (ж)	[stántsija]

maquinista (m)	машинист (м)	[maʃiníst]
bagageiro (m)	носильщик (м)	[nɔsílʲʃʲik]
hospedeiro, -a (da carruagem)	проводник (м)	[prɔvɔdník]
passageiro (m)	пассажир (м)	[pasaʒīr]
revisor (m)	контролёр (м)	[kɔntrɔlør]

corredor (m)	коридор (м)	[kɔridór]
freio (m) de emergência	стоп-кран (м)	[stɔp-krán]
compartimento (m)	купе (с)	[kupǽ]
cama (f)	полка (ж)	[pólka]
cama (f) de cima	верхняя полка (ж)	[vérhnʲaja pólka]
cama (f) de baixo	нижняя полка (ж)	[níʒnʲaja pólka]
roupa (f) de cama	постельное бельё (с)	[pɔstélʲnɔe beljó]

bilhete (m)	билет (м)	[bilét]
horário (m)	расписание (с)	[raspisánie]
painel (m) de informação	табло (с)	[tabló]

partir (vt)	отходить (нсв, нпх)	[ɔtxɔdítʲ]
partida (f)	отправление (с)	[ɔtravlénie]
chegar (vi)	прибывать (нсв, нпх)	[pribivátʲ]
chegada (f)	прибытие (с)	[pribītie]

chegar de comboio	приехать поездом	[priéhatʲ póezdɔm]
apanhar o comboio	сесть на поезд	[séstʲ na póezd]
sair do comboio	сойти с поезда	[sɔjtí s póezda]

acidente (m) ferroviário	крушение (с)	[kruʃǽnie]
descarrilar (vi)	сойти с рельс	[sɔjtí s rélʲs]

locomotiva (f) a vapor	паровоз (м)	[parɔvós]
fogueiro (m)	кочегар (м)	[kɔtʃegár]
fornalha (f)	топка (ж)	[tópka]
carvão (m)	уголь (м)	[úgɔlʲ]

107. Barco

navio (m)	корабль (м)	[kɔráblʲ]
embarcação (f)	судно (с)	[súdnɔ]
vapor (m)	пароход (м)	[parɔhód]
navio (m)	теплоход (м)	[teplɔhód]
transatlântico (m)	лайнер (м)	[lájner]
cruzador (m)	крейсер (м)	[kréjser]
iate (m)	яхта (ж)	[jáhta]
rebocador (m)	буксир (м)	[buksír]
barcaça (f)	баржа (ж)	[barʒá]
ferry (m)	паром (м)	[paróm]
veleiro (m)	парусник (м)	[párusnik]
bergantim (m)	бригантина (ж)	[brigantína]
quebra-gelo (m)	ледокол (м)	[ledɔkól]
submarino (m)	подводная лодка (ж)	[pɔdvódnaja lótka]
bote, barco (m)	лодка (ж)	[lótka]
bote, dingue (m)	шлюпка (ж)	[ʃlʲúpka]
bote (m) salva-vidas	спасательная шлюпка (ж)	[spasátelʲnaja ʃlʲúpka]
lancha (f)	катер (м)	[káter]
capitão (m)	капитан (м)	[kapitán]
marinheiro (m)	матрос (м)	[matrós]
marujo (m)	моряк (м)	[mɔrʲák]
tripulação (f)	экипаж (м)	[ɛkipáʃ]
contramestre (m)	боцман (м)	[bótsman]
grumete (m)	юнга (м)	[júnga]
cozinheiro (m) de bordo	кок (м)	[kók]
médico (m) de bordo	судовой врач (м)	[sudɔvój vrátʃ]
convés (m)	палуба (ж)	[páluba]
mastro (m)	мачта (ж)	[mátʃta]
vela (f)	парус (м)	[párus]
porão (m)	трюм (м)	[trʲúm]
proa (f)	нос (м)	[nós]
popa (f)	корма (ж)	[kɔrmá]
remo (m)	весло (с)	[vesló]
hélice (f)	винт (м)	[vínt]
camarote (m)	каюта (ж)	[kajúta]
sala (f) dos oficiais	кают-компания (ж)	[kajút-kɔmpánija]
sala (f) das máquinas	машинное отделение (с)	[maʃínnɔe ɔtdelénie]
ponte (m) de comando	капитанский мостик (м)	[kapitánskij móstik]
sala (f) de comunicações	радиорубка (ж)	[radio·rúpka]
onda (f) de rádio	волна (ж)	[vɔlná]
diário (m) de bordo	судовой журнал (м)	[sudɔvój ʒurnál]
luneta (f)	подзорная труба (ж)	[pɔdzórnaja trubá]
sino (m)	колокол (м)	[kólɔkɔl]

bandeira (f)	флаг (м)	[flág]
cabo (m)	канат (м)	[kanát]
nó (m)	узел (м)	[úzel]

corrimão (m)	поручень (м)	[pórutʃenʲ]
prancha (f) de embarque	трап (м)	[tráp]

âncora (f)	якорь (м)	[jákɔrʲ]
recolher a âncora	поднять якорь	[pɔdnʲátʲ jákɔrʲ]
lançar a âncora	бросить якорь	[brósitʲ jákɔrʲ]
amarra (f)	якорная цепь (ж)	[jákɔrnaja ʦæpʲ]

porto (m)	порт (м)	[pórt]
cais, amarradouro (m)	причал (м)	[pritʃál]
atracar (vi)	причаливать (нсв, нпх)	[pritʃálivatʲ]
desatracar (vi)	отчаливать (нсв, нпх)	[ɔtʃálivatʲ]

viagem (f)	путешествие (с)	[puteʃǽstvie]
cruzeiro (m)	круиз (м)	[kruís]
rumo (m), rota (f)	курс (м)	[kúrs]
itinerário (m)	маршрут (м)	[marʃrút]

canal (m) navegável	фарватер (м)	[farvátɛr]
banco (m) de areia	мель (ж)	[mélʲ]
encalhar (vt)	сесть на мель	[séstʲ na mélʲ]

tempestade (f)	буря (ж)	[búrʲa]
sinal (m)	сигнал (м)	[signál]
afundar-se (vr)	тонуть (нсв, нпх)	[tɔnútʲ]
Homem ao mar!	Человек за бортом!	[tʃelɔvék za bórtɔm]
SOS	SOS (м)	[sós]
boia (f) salva-vidas	спасательный круг (м)	[spasátelʲnij krúg]

108. Aeroporto

aeroporto (m)	аэропорт (м)	[aɛrɔpórt]
avião (m)	самолёт (м)	[samɔlǿt]
companhia (f) aérea	авиакомпания (ж)	[avia·kɔmpánija]
controlador (m) de tráfego aéreo	авиадиспетчер (м)	[avia·dispétʃer]

partida (f)	вылет (м)	[vīlet]
chegada (f)	прилёт (м)	[prilǿt]
chegar (~ de avião)	прилететь (св, нпх)	[priletétʲ]

hora (f) de partida	время (с) вылета	[vrémʲa vīleta]
hora (f) de chegada	время (с) прилёта	[vrémʲa prilǿta]

estar atrasado	задерживаться (нсв, возв)	[zadérʒivatsa]
atraso (m) de voo	задержка (ж) вылета	[zadérʃka vīleta]

painel (m) de informação	информационное табло (с)	[infɔrmatsiónnɔe tabló]
informação (f)	информация (ж)	[infɔrmátsija]
anunciar (vt)	объявлять (нсв, пх)	[ɔbjɪvlʲátʲ]

voo (m)	рейс (м)	[réjs]
alfândega (f)	таможня (ж)	[tamóʒnʲa]
funcionário (m) da alfândega	таможенник (м)	[tamóʒenik]
declaração (f) alfandegária	декларация (ж)	[deklarátsija]
preencher (vt)	заполнить (св, пх)	[zapólnitʲ]
preencher a declaração	заполнить декларацию	[zapólnitʲ deklarátsiju]
controlo (m) de passaportes	паспортный контроль (м)	[pásportnɨj kontrólʲ]
bagagem (f)	багаж (м)	[bagáʃ]
bagagem (f) de mão	ручная кладь (ж)	[rutʃnája klátʲ]
carrinho (m)	тележка (ж) для багажа	[teléʃka dlʲa bagaʒá]
aterragem (f)	посадка (ж)	[pɔsátka]
pista (f) de aterragem	посадочная полоса (ж)	[pɔsádotʃnaja polɔsá]
aterrar (vi)	садиться (нсв, возв)	[sadítsa]
escada (f) de avião	трап (м)	[tráp]
check-in (m)	регистрация (ж)	[registrátsija]
balcão (m) do check-in	стойка (ж) регистрации	[stójka registrátsii]
fazer o check-in	зарегистрироваться (св, возв)	[zaregistrírovatsa]
cartão (m) de embarque	посадочный талон (м)	[pɔsádotʃnɨj talón]
porta (f) de embarque	выход (м)	[vīhod]
trânsito (m)	транзит (м)	[tranzít]
esperar (vi, vt)	ждать (нсв, пх)	[ʒdátʲ]
sala (f) de espera	зал (м) ожидания	[zál ɔʒɨdánija]
despedir-se de …	провожать (нсв, пх)	[provɔʒátʲ]
despedir-se (vr)	прощаться (нсв, возв)	[prɔʃʲátsa]

Eventos

109. Férias. Evento

festa (f)	праздник (м)	[práznik]
festa (f) nacional	национальный праздник (м)	[natsionálʲnij práznik]
feriado (m)	праздничный день (м)	[prázniʧnij dénʲ]
festejar (vt)	праздновать (нсв, пх)	[práznovatʲ]
evento (festa, etc.)	событие (с)	[sobĭtie]
evento (banquete, etc.)	мероприятие (с)	[meroprijátie]
banquete (m)	банкет (м)	[bankét]
receção (f)	приём (м)	[prijóm]
festim (m)	пир (м)	[pír]
aniversário (m)	годовщина (ж)	[godofʃʲína]
jubileu (m)	юбилей (м)	[jubiléj]
celebrar (vt)	отметить (св, пх)	[otmétitʲ]
Ano (m) Novo	Новый год (м)	[nóvij gód]
Feliz Ano Novo!	С Новым Годом!	[s nóvɨm gódom]
Natal (m)	Рождество (с)	[roʒdestvó]
Feliz Natal!	Весёлого Рождества!	[vesólovo roʒdestvá]
árvore (f) de Natal	Новогодняя ёлка (ж)	[novogódnʲaja jólka]
fogo (m) de artifício	салют (м)	[salʲút]
boda (f)	свадьба (ж)	[svátʲba]
noivo (m)	жених (м)	[ʒeníh]
noiva (f)	невеста (ж)	[nevésta]
convidar (vt)	приглашать (нсв, пх)	[priglaʃátʲ]
convite (m)	приглашение (с)	[priglaʃǽnie]
convidado (m)	гость (м)	[góstʲ]
visitar (vt)	идти в гости	[itʲtí v gósti]
receber os hóspedes	встречать гостей	[fstreʧátʲ gostéj]
presente (m)	подарок (м)	[podárok]
oferecer (vt)	дарить (нсв, пх)	[darítʲ]
receber presentes	получать подарки	[poluʧátʲ podárki]
ramo (m) de flores	букет (м)	[bukét]
felicitações (f pl)	поздравление (с)	[pozdravlénie]
felicitar (dar os parabéns)	поздравлять (нсв, пх)	[pozdravlʲátʲ]
cartão (m) de parabéns	поздравительная открытка (ж)	[pozdravítelʲnaja otkrĭtka]
enviar um postal	отправить открытку	[otprávitʲ otkrĭtku]

receber um postal	получить открытку	[pɔlutʃítʲ ɔtkrĩtku]
brinde (m)	тост (м)	[tóst]
oferecer (vt)	угощать (нсв, пх)	[ugɔʃátʲ]
champanhe (m)	шампанское (с)	[ʃampánskɔe]
divertir-se (vr)	веселиться (нсв, возв)	[veselítsa]
diversão (f)	веселье (с)	[vesélje]
alegria (f)	радость (ж)	[rádɔstʲ]
dança (f)	танец (м)	[tánets]
dançar (vi)	танцевать (нсв, н/пх)	[tantsɛvátʲ]
valsa (f)	вальс (м)	[válʲs]
tango (m)	танго (с)	[tángɔ]

110. Funerais. Enterro

cemitério (m)	кладбище (с)	[kládbiʃe]
sepultura (f), túmulo (m)	могила (ж)	[mɔgíla]
cruz (f)	крест (м)	[krést]
lápide (f)	надгробие (с)	[nadgróbie]
cerca (f)	ограда (ж)	[ɔgráda]
capela (f)	часовня (ж)	[tʃasóvnʲa]
morte (f)	смерть (ж)	[smértʲ]
morrer (vi)	умереть (св, нпх)	[umerétʲ]
defunto (m)	покойник (м)	[pɔkójnik]
luto (m)	траур (м)	[tráur]
enterrar, sepultar (vt)	хоронить (нсв, пх)	[hɔrɔnítʲ]
agência (f) funerária	похоронное бюро (с)	[pɔhɔrónnɔe bʲuró]
funeral (m)	похороны (мн)	[póhɔrɔnɨ]
coroa (f) de flores	венок (м)	[venók]
caixão (m)	гроб (м)	[grób]
carro (m) funerário	катафалк (м)	[katafálk]
mortalha (f)	саван (м)	[sávan]
procissão (f) funerária	траурная процессия (ж)	[tráurnaja prɔtsǽsija]
urna (f) funerária	урна (ж)	[úrna]
crematório (m)	крематорий (м)	[krematórij]
obituário (m), necrologia (f)	некролог (м)	[nekrɔlóg]
chorar (vi)	плакать (нсв, нпх)	[plákatʲ]
soluçar (vi)	рыдать (нсв, нпх)	[rɨdátʲ]

111. Guerra. Soldados

pelotão (m)	взвод (м)	[vzvód]
companhia (f)	рота (ж)	[róta]
regimento (m)	полк (м)	[pólk]
exército (m)	армия (ж)	[ármija]

divisão (f)	дивизия (ж)	[divízija]
destacamento (m)	отряд (м)	[ɔtrʲád]
hoste (f)	войско (с)	[vójskɔ]
soldado (m)	солдат (м)	[sɔldát]
oficial (m)	офицер (м)	[ɔfitsǽr]
soldado (m) raso	рядовой (м)	[rɪdɔvój]
sargento (m)	сержант (м)	[serʒánt]
tenente (m)	лейтенант (м)	[lejtenánt]
capitão (m)	капитан (м)	[kapitán]
major (m)	майор (м)	[majór]
coronel (m)	полковник (м)	[pɔlkóvnik]
general (m)	генерал (м)	[generál]
marujo (m)	моряк (м)	[mɔrʲák]
capitão (m)	капитан (м)	[kapitán]
contramestre (m)	боцман (м)	[bótsman]
artilheiro (m)	артиллерист (м)	[artileríst]
soldado (m) paraquedista	десантник (м)	[desántnik]
piloto (m)	лётчик (м)	[lǿttʃik]
navegador (m)	штурман (м)	[ʃtúrman]
mecânico (m)	механик (м)	[mehánik]
sapador (m)	сапёр (м)	[sapǿr]
paraquedista (m)	парашютист (м)	[paraʃutíst]
explorador (m)	разведчик (м)	[razvéttʃik]
franco-atirador (m)	снайпер (м)	[snájper]
patrulha (f)	патруль (м)	[patrúlʲ]
patrulhar (vt)	патрулировать (нсв, н/пх)	[patrulírɔvatʲ]
sentinela (f)	часовой (м)	[tʃasɔvój]
guerreiro (m)	воин (м)	[vóin]
patriota (m)	патриот (м)	[patrіót]
herói (m)	герой (м)	[gerój]
heroína (f)	героиня (ж)	[gerɔínʲa]
traidor (m)	предатель (м)	[predátelʲ]
desertor (m)	дезертир (м)	[dezertír]
desertar (vt)	дезертировать (нсв, нпх)	[dezertírɔvatʲ]
mercenário (m)	наёмник (м)	[najómnik]
recruta (m)	новобранец (м)	[nɔvɔbránets]
voluntário (m)	доброволец (м)	[dɔbrɔvólets]
morto (m)	убитый (м)	[ubítij]
ferido (m)	раненый (м)	[ránenij]
prisioneiro (m) de guerra	пленный (м)	[plénnij]

112. Guerra. Ações militares. Parte 1

guerra (f)	война (ж)	[vɔjná]
guerrear (vt)	воевать (нсв, нпх)	[vɔevátʲ]

guerra (f) civil	гражданская война (ж)	[graʒdánskaja vɔjná]
perfidamente	вероломно	[verɔlómnɔ]
declaração (f) de guerra	объявление войны	[ɔbjɪvlénie vɔjnī]
declarar (vt) guerra	объявить (св, пх)	[ɔbjɪvítʲ]
agressão (f)	агрессия (ж)	[agrǽsija]
atacar (vt)	нападать (нсв, нпх)	[napadátʲ]
invadir (vt)	захватывать (нсв, пх)	[zahvátivatʲ]
invasor (m)	захватчик (м)	[zahváttʃik]
conquistador (m)	завоеватель (м)	[zavɔevátelʲ]
defesa (f)	оборона (ж)	[ɔbɔróna]
defender (vt)	оборонять (нсв, пх)	[ɔbɔrɔnʲátʲ]
defender-se (vr)	обороняться (нсв, возв)	[ɔbɔrɔnʲátsa]
inimigo (m)	враг (м)	[vrág]
adversário (m)	противник (м)	[prɔtívnik]
inimigo	вражеский	[váʒeskij]
estratégia (f)	стратегия (ж)	[stratǽgija]
tática (f)	тактика (ж)	[táktika]
ordem (f)	приказ (м)	[prikás]
comando (m)	команда (ж)	[kɔmánda]
ordenar (vt)	приказывать (нсв, пх)	[prikázivatʲ]
missão (f)	задание (с)	[zadánie]
secreto	секретный	[sekrétnij]
batalha (f)	сражение (с)	[sraʒǽnie]
combate (m)	бой (м)	[bój]
ataque (m)	атака (ж)	[atáka]
assalto (m)	штурм (м)	[ʃtúrm]
assaltar (vt)	штурмовать (нсв, пх)	[ʃturmɔvátʲ]
assédio, sítio (m)	осада (ж)	[ɔsáda]
ofensiva (f)	наступление (с)	[nastuplénie]
passar à ofensiva	наступать (нсв, нпх)	[nastupátʲ]
retirada (f)	отступление (с)	[ɔtstuplénie]
retirar-se (vr)	отступать (нсв, нпх)	[ɔtstupátʲ]
cerco (m)	окружение (с)	[ɔkruʒǽnie]
cercar (vt)	окружать (нсв, пх)	[ɔkruʒátʲ]
bombardeio (m)	бомбёжка (ж)	[bɔmbǿʒka]
lançar uma bomba	сбросить бомбу	[zbrósitʲ bómbu]
bombardear (vt)	бомбить (нсв, пх)	[bɔmbítʲ]
explosão (f)	взрыв (м)	[vzrīf]
tiro (m)	выстрел (м)	[vīstrel]
disparar um tiro	выстрелить (св, нпх)	[vīstrelitʲ]
tiroteio (m)	стрельба (ж)	[strelʲbá]
apontar para ...	целиться (нсв, возв)	[tsǽlitsa]
apontar (vt)	навести (св, пх)	[navestí]

acertar (vt)	попасть (св, нпх)	[pɔpástʲ]
afundar (um navio)	потопить (св, пх)	[pɔtɔpítʲ]
brecha (f)	пробоина (ж)	[prɔbóina]
afundar-se (vr)	идти ко дну (нсв)	[itʲtí kɔ dnú]
frente (m)	фронт (м)	[frónt]
evacuação (f)	эвакуация (ж)	[ɛvakuátsija]
evacuar (vt)	эвакуировать (н/св, пх)	[ɛvakuírɔvatʲ]
trincheira (f)	окоп (м)	[ɔkóp]
arame (m) farpado	колючая проволока (ж)	[kɔlʲútʃaja próvɔlka]
obstáculo (m) anticarro	заграждение (с)	[zagraʒdénie]
torre (f) de vigia	вышка (ж)	[víʃka]
hospital (m)	госпиталь (м)	[góspitalʲ]
ferir (vt)	ранить (н/св, пх)	[ránitʲ]
ferida (f)	рана (ж)	[rána]
ferido (m)	раненый (м)	[ránenij]
ficar ferido	получить ранение	[pɔlutʃítʲ ranénie]
grave (ferida ~)	тяжёлый	[tʲʒólij]

113. Guerra. Ações militares. Parte 2

cativeiro (m)	плен (м)	[plén]
capturar (vt)	взять в плен	[vzʲátʲ f plén]
estar em cativeiro	быть в плену	[bītʲ f plenú]
ser aprisionado	попасть в плен	[pɔpástʲ f plén]
campo (m) de concentração	концлагерь (м)	[kɔntslágerʲ]
prisioneiro (m) de guerra	пленный (м)	[plénnij]
escapar (vi)	бежать (св, нпх)	[beʒátʲ]
trair (vt)	предать (св, пх)	[predátʲ]
traidor (m)	предатель (м)	[predátelʲ]
traição (f)	предательство (с)	[predátelʲstvɔ]
fuzilar, executar (vt)	расстрелять (св, пх)	[rastrelʲátʲ]
fuzilamento (m)	расстрел (м)	[rastrél]
equipamento (m)	обмундирование (с)	[ɔbmundirɔvánie]
platina (f)	погон (м)	[pɔgón]
máscara (f) antigás	противогаз (м)	[prɔtivɔgás]
rádio (m)	рация (ж)	[rátsija]
cifra (f), código (m)	шифр (м)	[ʃīfr]
conspiração (f)	конспирация (ж)	[kɔnspirátsija]
senha (f)	пароль (м)	[parólʲ]
mina (f)	мина (ж)	[mína]
minar (vt)	заминировать (св, пх)	[zaminírɔvatʲ]
campo (m) minado	минное поле (с)	[mínnɔe póle]
alarme (m) aéreo	воздушная тревога (ж)	[vɔzdúʃnaja trevóga]
alarme (m)	тревога (ж)	[trevóga]

sinal (m)	сигнал (м)	[signál]
sinalizador (m)	сигнальная ракета (ж)	[signálʲnaja rakéta]
estado-maior (m)	штаб (м)	[ʃtáb]
reconhecimento (m)	разведка (ж)	[razvétka]
situação (f)	обстановка (ж)	[ɔpstanófka]
relatório (m)	рапорт (м)	[rápɔrt]
emboscada (f)	засада (ж)	[zasáda]
reforço (m)	подкрепление (с)	[pɔtkreplénie]
alvo (m)	мишень (ж)	[miʃǽnʲ]
campo (m) de tiro	полигон (м)	[pɔligón]
manobras (f pl)	манёвры (м мн)	[manǿvri]
pânico (m)	паника (ж)	[pánika]
devastação (f)	разруха (ж)	[razrúha]
ruínas (f pl)	разрушения (ж)	[razruʃǽnija]
destruir (vt)	разрушать (нсв, пх)	[razruʃátʲ]
sobreviver (vi)	выжить (св, нпх)	[vɨʒitʲ]
desarmar (vt)	обезоружить (св, пх)	[ɔbezɔrúʒitʲ]
manusear (vt)	обращаться (нсв, возв)	[ɔbraʃʲátsa]
Firmes!	Смирно!	[smírnɔ]
Descansar!	Вольно!	[vólʲnɔ]
façanha (f)	подвиг (м)	[pódvig]
juramento (m)	клятва (ж)	[klʲátva]
jurar (vi)	клясться (нсв, возв)	[klʲástsa]
condecoração (f)	награда (ж)	[nagráda]
condecorar (vt)	награждать (нсв, пх)	[nagraʒdátʲ]
medalha (f)	медаль (ж)	[medálʲ]
ordem (f)	орден (м)	[órden]
vitória (f)	победа (ж)	[pɔbéda]
derrota (f)	поражение (с)	[pɔraʒǽnie]
armistício (m)	перемирие (с)	[peremírie]
bandeira (f)	знамя (ж)	[známʲa]
glória (f)	слава (ж)	[sláva]
desfile (m) militar	парад (м)	[parád]
marchar (vi)	маршировать (нсв, нпх)	[marʃirɔvátʲ]

114. Armas

arma (f)	оружие (с)	[ɔrúʒie]
arma (f) de fogo	огнестрельное оружие (с)	[ɔgnestrélʲnɔe ɔrúʒie]
arma (f) branca	холодное оружие (с)	[hɔlódnɔe ɔrúʒie]
arma (f) química	химическое оружие (с)	[himítʃeskɔe ɔrúʒie]
nuclear	ядерный	[jádernij]
arma (f) nuclear	ядерное оружие (с)	[jádernɔe ɔrúʒie]
bomba (f)	бомба (ж)	[bómba]

bomba (f) atómica	атомная бомба (ж)	[átɔmnaja bómba]
pistola (f)	пистолет (м)	[pistɔlét]
caçadeira (f)	ружьё (с)	[ruʒjǿ]
pistola-metralhadora (f)	автомат (м)	[aftɔmát]
metralhadora (f)	пулемёт (м)	[pulemǿt]
boca (f)	дуло (с)	[dúlɔ]
cano (m)	ствол (м)	[stvól]
calibre (m)	калибр (м)	[kalíbr]
gatilho (m)	курок (м)	[kurók]
mira (f)	прицел (м)	[pritsǽl]
carregador (m)	магазин (м)	[magazín]
coronha (f)	приклад (м)	[priklád]
granada (f) de mão	граната (ж)	[granáta]
explosivo (m)	взрывчатка (ж)	[vzriftʃátka]
bala (f)	пуля (ж)	[púlʲa]
cartucho (m)	патрон (м)	[patrón]
carga (f)	заряд (м)	[zarʲád]
munições (f pl)	боеприпасы (мн)	[bɔepripásɨ]
bombardeiro (m)	бомбардировщик (м)	[bɔmbardiróffʲik]
avião (m) de caça	истребитель (м)	[istrebítelʲ]
helicóptero (m)	вертолёт (м)	[vertɔlǿt]
canhão (m) antiaéreo	зенитка (ж)	[zenítka]
tanque (m)	танк (м)	[tánk]
canhão (de um tanque)	пушка (ж)	[púʃka]
artilharia (f)	артиллерия (ж)	[artilérija]
fazer a pontaria	навести на ... (св)	[navestí na ...]
obus (m)	снаряд (м)	[snarʲád]
granada (f) de morteiro	мина (ж)	[mína]
morteiro (m)	миномёт (м)	[minɔmǿt]
estilhaço (m)	осколок (м)	[ɔskólɔk]
submarino (m)	подводная лодка (ж)	[pɔdvódnaja lótka]
torpedo (m)	торпеда (ж)	[tɔrpéda]
míssil (m)	ракета (ж)	[rakéta]
carregar (uma arma)	заряжать (нсв, пх)	[zarɨʒátʲ]
atirar, disparar (vi)	стрелять (нсв, нпх)	[strelʲátʲ]
apontar para ...	целиться (нсв, возв)	[tsǽlitsa]
baioneta (f)	штык (м)	[ʃtik]
espada (f)	шпага (ж)	[ʃpága]
sabre (m)	сабля (ж)	[sáblʲa]
lança (f)	копьё (с)	[kɔpjǿ]
arco (m)	лук (м)	[lúk]
flecha (f)	стрела (ж)	[strelá]
mosquete (m)	мушкет (м)	[muʃkét]
besta (f)	арбалет (м)	[arbalét]

115. Povos da antiguidade

primitivo	первобытный	[pervobïtnɨj]
pré-histórico	доисторический	[dɔistɔrítʃeskij]
antigo	древний	[drévnij]
Idade (f) da Pedra	Каменный Век (м)	[kámennɨj vek]
Idade (f) do Bronze	Бронзовый Век (м)	[brónzɔvɨj vek]
período (m) glacial	ледниковый период (м)	[lednikóvɨj períud]
tribo (f)	племя (с)	[plémʲa]
canibal (m)	людоед (м)	[lʲudɔéd]
caçador (m)	охотник (м)	[ɔhótnik]
caçar (vi)	охотиться (нсв, возв)	[ɔhótitsa]
mamute (m)	мамонт (м)	[mámɔnt]
caverna (f)	пещера (ж)	[peʃéra]
fogo (m)	огонь (м)	[ɔgónʲ]
fogueira (f)	костёр (м)	[kɔstǿr]
pintura (f) rupestre	наскальный рисунок (м)	[naskálʲnɨj risúnɔk]
ferramenta (f)	орудие (с) труда	[ɔrúdie trudá]
lança (f)	копьё (с)	[kɔpjǿ]
machado (m) de pedra	каменный топор (м)	[kámennɨj tɔpór]
guerrear (vt)	воевать (нсв, нпх)	[vɔevátʲ]
domesticar (vt)	приручать (нсв, пх)	[prirutʃátʲ]
ídolo (m)	идол (м)	[ídɔl]
adorar, venerar (vt)	поклоняться (нсв, возв)	[pɔklɔnʲátsa]
superstição (f)	суеверие (с)	[suevérie]
evolução (f)	эволюция (ж)	[ɛvɔlʲútsija]
desenvolvimento (m)	развитие (с)	[razvítie]
desaparecimento (m)	исчезновение (с)	[isʃeznɔvénie]
adaptar-se (vr)	приспосабливаться (нсв, возв)	[prispɔsáblivatsa]
arqueologia (f)	археология (ж)	[arheɔlógija]
arqueólogo (m)	археолог (м)	[arheólɔg]
arqueológico	археологический	[arheɔlɔgítʃeskij]
local (m) das escavações	раскопки (мн)	[raskópki]
escavações (f pl)	раскопки (мн)	[raskópki]
achado (m)	находка (ж)	[nahótka]
fragmento (m)	фрагмент (м)	[fragmént]

116. Idade média

povo (m)	народ (м)	[naród]
povos (m pl)	народы (м мн)	[naródɨ]
tribo (f)	племя (с)	[plémʲa]
tribos (f pl)	племена (с мн)	[plemená]
bárbaros (m pl)	варвары (м мн)	[várvarɨ]

gauleses (m pl)	галлы (м мн)	[gáli]
godos (m pl)	готы (м мн)	[góti]
eslavos (m pl)	славяне (мн)	[slavʲáne]
víquingues (m pl)	викинги (м мн)	[víkingi]
romanos (m pl)	римляне (мн)	[rímlıne]
romano	римский	[rímskij]
bizantinos (m pl)	византийцы (м мн)	[vizantíjtsi]
Bizâncio	Византия (ж)	[vizantíja]
bizantino	византийский	[vizantíjskij]
imperador (m)	император (м)	[imperátɔr]
líder (m)	вождь (м)	[vóʃtʲ]
poderoso	могущественный	[mɔgúʃestvenıj]
rei (m)	король (м)	[kɔrólʲ]
governante (m)	правитель (м)	[pravítelʲ]
cavaleiro (m)	рыцарь (м)	[rītsarʲ]
senhor feudal (m)	феодал (м)	[feɔdál]
feudal	феодальный	[feɔdálʲnij]
vassalo (m)	вассал (м)	[vasál]
duque (m)	герцог (м)	[gértsɔg]
conde (m)	граф (м)	[gráf]
barão (m)	барон (м)	[barón]
bispo (m)	епископ (м)	[epískɔp]
armadura (f)	доспехи (мн)	[dɔspéhi]
escudo (m)	щит (м)	[ʃít]
espada (f)	меч (м)	[métʃ]
viseira (f)	забрало (с)	[zabrálɔ]
cota (f) de malha	кольчуга (ж)	[kɔlʲtʃúga]
cruzada (f)	крестовый поход (м)	[krestóvij pɔhód]
cruzado (m)	крестоносец (м)	[krestɔnósets]
território (m)	территория (ж)	[teritórija]
atacar (vt)	нападать (нсв, нпх)	[napadátʲ]
conquistar (vt)	завоевать (св, пх)	[zavɔevátʲ]
ocupar, invadir (vt)	захватить (св, пх)	[zahvatítʲ]
assédio, sítio (m)	осада (ж)	[ɔsáda]
sitiado	осаждённый	[ɔsaʒdǿnnij]
assediar, sitiar (vt)	осаждать (нсв, пх)	[ɔsaʒdátʲ]
inquisição (f)	инквизиция (ж)	[inkvizítsija]
inquisidor (m)	инквизитор (м)	[inkvizítɔr]
tortura (f)	пытка (ж)	[pītka]
cruel	жестокий	[ʒestókij]
herege (m)	еретик (м)	[eretík]
heresia (f)	ересь (ж)	[éresʲ]
navegação (f) marítima	мореплавание (с)	[mɔre·plávanie]
pirata (m)	пират (м)	[pirát]
pirataria (f)	пиратство (с)	[pirátstvɔ]

abordagem (f)	абордаж (м)	[abɔrdáʃ]
presa (f), butim (m)	добыча (ж)	[dɔbɨ́ʧa]
tesouros (m pl)	сокровища (мн)	[sɔkróviʃa]
descobrimento (m)	открытие (с)	[ɔtkrɨ́tie]
descobrir (novas terras)	открыть (св, пх)	[ɔtkrɨ́tʲ]
expedição (f)	экспедиция (ж)	[ɛkspedítsija]
mosqueteiro (m)	мушкетёр (м)	[muʃketǿr]
cardeal (m)	кардинал (м)	[kardinál]
heráldica (f)	геральдика (ж)	[gerálʲdika]
heráldico	геральдический	[geralʲdíʧeskij]

117. Líder. Chefe. Autoridades

rei (m)	король (м)	[kɔrólʲ]
rainha (f)	королева (ж)	[kɔrɔléva]
real	королевский	[kɔrɔléfskij]
reino (m)	королевство (с)	[kɔrɔléfstvɔ]
príncipe (m)	принц (м)	[prínʦ]
princesa (f)	принцесса (ж)	[prinʦǽsa]
presidente (m)	президент (м)	[prezidént]
vice-presidente (m)	вице-президент (м)	[vítsɛ-prezidént]
senador (m)	сенатор (м)	[senátɔr]
monarca (m)	монарх (м)	[mɔnárh]
governante (m)	правитель (м)	[pravítelʲ]
ditador (m)	диктатор (м)	[diktátɔr]
tirano (m)	тиран (м)	[tirán]
magnata (m)	магнат (м)	[magnát]
diretor (m)	директор (м)	[diréktɔr]
chefe (m)	шеф (м)	[ʃǽf]
dirigente (m)	управляющий (м)	[upravlʲájuʃij]
patrão (m)	босс (м)	[bós]
dono (m)	хозяин (м)	[hɔzʲáin]
chefe (~ de delegação)	глава (ж)	[glavá]
autoridades (f pl)	власти (мн)	[vlásti]
superiores (m pl)	начальство (с)	[naʧálʲstvɔ]
governador (m)	губернатор (м)	[gubernátɔr]
cônsul (m)	консул (м)	[kónsul]
diplomata (m)	дипломат (м)	[diplɔmát]
Presidente (m) da Câmara	мэр (м)	[mǽr]
xerife (m)	шериф (м)	[ʃɛríf]
imperador (m)	император (м)	[imperátɔr]
czar (m)	царь (м)	[ʦárʲ]
faraó (m)	фараон (м)	[faraón]
cã (m)	хан (м)	[hán]

118. Viloação da lei. Criminosos. Parte 1

bandido (m)	бандит (м)	[bandít]
crime (m)	преступление (с)	[prestuplénie]
criminoso (m)	преступник (м)	[prestúpnik]
ladrão (m)	вор (м)	[vór]
furto (m)	воровство (с)	[vɔrɔfstvó]
furto (m)	кража (ж)	[kráʒa]
raptar (ex. ~ uma criança)	похитить (св, пх)	[pɔhítitʲ]
rapto (m)	похищение (с)	[pɔhiʃénie]
raptor (m)	похититель (м)	[pɔhitítelʲ]
resgate (m)	выкуп (м)	[vīkup]
pedir resgate	требовать выкуп	[trébɔvatʲ vīkup]
roubar (vt)	грабить (нсв, пх)	[grábitʲ]
assaltante (m)	грабитель (м)	[grabítelʲ]
extorquir (vt)	вымогать (нсв, пх)	[vɨmɔgátʲ]
extorsionário (m)	вымогатель (м)	[vɨmɔgátelʲ]
extorsão (f)	вымогательство (с)	[vɨmɔgátelʲstvɔ]
matar, assassinar (vt)	убить (св, пх)	[ubítʲ]
homicídio (m)	убийство (с)	[ubíjstvɔ]
homicida, assassino (m)	убийца (ж)	[ubíjtsa]
tiro (m)	выстрел (м)	[vīstrel]
dar um tiro	выстрелить (св, нпх)	[vīstrelitʲ]
matar a tiro	застрелить (св, пх)	[zastrelítʲ]
atirar, disparar (vi)	стрелять (нсв, нпх)	[strelʲátʲ]
tiroteio (m)	стрельба (ж)	[strelʲbá]
incidente (m)	происшествие (с)	[prɔiʃǽstvie]
briga (~ de rua)	драка (ж)	[dráka]
vítima (f)	жертва (ж)	[ʒǽrtva]
danificar (vt)	повредить (св, пх)	[pɔvredítʲ]
dano (m)	ущерб (м)	[uʃérb]
cadáver (m)	труп (м)	[trúp]
grave	тяжкий	[tʲáʃkij]
atacar (vt)	напасть (св, нпх)	[napástʲ]
bater (espancar)	бить (нсв, пх)	[bítʲ]
espancar (vt)	избить (св, пх)	[izbítʲ]
tirar, roubar (dinheiro)	отнять (св, пх)	[ɔtnʲátʲ]
esfaquear (vt)	зарезать (св, пх)	[zarézatʲ]
mutilar (vt)	изувечить (св, пх)	[izuvétʃitʲ]
ferir (vt)	ранить (н/св, пх)	[ránitʲ]
chantagem (f)	шантаж (м)	[ʃantáʃ]
chantagear (vt)	шантажировать (нсв, пх)	[ʃantaʒīrɔvatʲ]
chantagista (m)	шантажист (м)	[ʃantaʒīst]
extorsão (em troca de proteção)	рэкет (м)	[rǽket]

extorsionário (m)	рэкетир (м)	[rɛketír]
gângster (m)	гангстер (м)	[gángstɛr]
máfia (f)	мафия (ж)	[máfija]
carteirista (m)	карманник (м)	[karmánnik]
assaltante, ladrão (m)	взломщик (м)	[vzlómʃik]
contrabando (m)	контрабанда (ж)	[kɔntrabánda]
contrabandista (m)	контрабандист (м)	[kɔntrabandíst]
falsificação (f)	подделка (ж)	[pɔddélka]
falsificar (vt)	подделывать (нсв, пх)	[pɔddélivatʲ]
falsificado	фальшивый	[falʲʃívij]

119. Viloação da lei. Criminosos. Parte 2

violação (f)	изнасилование (с)	[iznasílɔvanie]
violar (vt)	изнасиловать (св, пх)	[iznasílɔvatʲ]
violador (m)	насильник (м)	[nasílʲnik]
maníaco (m)	маньяк (м)	[manják]
prostituta (f)	проститутка (ж)	[prɔstitútka]
prostituição (f)	проституция (ж)	[prɔstitútsija]
chulo (m)	сутенёр (м)	[sutenǿr]
toxicodependente (m)	наркоман (м)	[narkɔmán]
traficante (m)	торговец (м) наркотиками	[tɔrgóvets narkótikami]
explodir (vt)	взорвать (св, пх)	[vzɔrvátʲ]
explosão (f)	взрыв (м)	[vzrīf]
incendiar (vt)	поджечь (св, пх)	[pɔdʒǽtʃʲ]
incendiário (m)	поджигатель (м)	[pɔdʒigátelʲ]
terrorismo (m)	терроризм (м)	[terɔrízm]
terrorista (m)	террорист (м)	[terɔríst]
refém (m)	заложник (м)	[zalóʒnik]
enganar (vt)	обмануть (св, пх)	[ɔbmanútʲ]
engano (m)	обман (м)	[ɔbmán]
vigarista (m)	мошенник (м)	[mɔʃǽnnik]
subornar (vt)	подкупить (св, пх)	[pɔtkupítʲ]
suborno (atividade)	подкуп (м)	[pótkup]
suborno (dinheiro)	взятка (ж)	[vzʲátka]
veneno (m)	яд (м)	[jád]
envenenar (vt)	отравить (св, пх)	[ɔtravítʲ]
envenenar-se (vr)	отравиться (св, возв)	[ɔtravítsa]
suicídio (m)	самоубийство (с)	[samɔubíjstvɔ]
suicida (m)	самоубийца (м, ж)	[samɔubíjtsa]
ameaçar (vt)	угрожать (нсв, пх)	[ugrɔʒátʲ]
ameaça (f)	угроза (ж)	[ugróza]
atentar contra a vida de …	покушаться (нсв, возв)	[pɔkuʃátsa]

atentado (m)	покушение (с)	[pɔkuʃǽnie]
roubar (o carro)	угнать (св, пх)	[ugnátʲ]
desviar (o avião)	угнать (св, пх)	[ugnátʲ]
vingança (f)	месть (ж)	[méstʲ]
vingar (vt)	мстить (нсв, пх)	[mstítʲ]
torturar (vt)	пытать (нсв, пх)	[pitátʲ]
tortura (f)	пытка (ж)	[pītka]
atormentar (vt)	мучить (нсв, пх)	[mútʃitʲ]
pirata (m)	пират (м)	[pirát]
desordeiro (m)	хулиган (м)	[huligán]
armado	вооружённый	[vɔɔruʒónnij]
violência (f)	насилие (с)	[nasílie]
ilegal	нелегальный	[nelegálʲnij]
espionagem (f)	шпионаж (м)	[ʃpiɔnáʃ]
espionar (vi)	шпионить (нсв, нпх)	[ʃpiónitʲ]

120. Polícia. Lei. Parte 1

justiça (f)	правосудие (с)	[pravɔsúdie]
tribunal (m)	суд (м)	[súd]
juiz (m)	судья (ж)	[sudjá]
jurados (m pl)	присяжные (мн)	[prisʲáʒnie]
tribunal (m) do júri	суд (м) присяжных	[sút prisʲáʒnih]
julgar (vt)	судить (нсв, пх)	[sudítʲ]
advogado (m)	адвокат (м)	[advɔkát]
réu (m)	подсудимый (м)	[pɔtsudímij]
banco (m) dos réus	скамья (ж) подсудимых	[skamjá pɔtsudímih]
acusação (f)	обвинение (с)	[ɔbvinénie]
acusado (m)	обвиняемый (м)	[ɔbvinʲáemij]
sentença (f)	приговор (м)	[prigɔvór]
sentenciar (vt)	приговорить (св, пх)	[prigɔvorítʲ]
culpado (m)	виновник (м)	[vinóvnik]
punir (vt)	наказать (св, пх)	[nakazátʲ]
punição (f)	наказание (с)	[nakazánie]
multa (f)	штраф (м)	[ʃtráf]
prisão (f) perpétua	пожизненное заключение (с)	[pɔʒīznennɔe zaklʲutʃénie]
pena (f) de morte	смертная казнь (ж)	[smértnaja káznʲ]
cadeira (f) elétrica	электрический стул (м)	[ɛlektrítʃeskij stúl]
forca (f)	виселица (ж)	[víselitsa]
executar (vt)	казнить (н/св, пх)	[kaznítʲ]
execução (f)	казнь (ж)	[káznʲ]
prisão (f)	тюрьма (ж)	[tʲurʲmá]

cela (f) de prisão	камера (ж)	[kámera]
escolta (f)	конвой (м)	[kɔnvój]
guarda (m) prisional	надзиратель (м)	[nadzirátelʲ]
preso (m)	заключённый (м)	[zaklʲutʃónnij]
algemas (f pl)	наручники (мн)	[narútʃniki]
algemar (vt)	надеть наручники	[nadétʲ narútʃniki]
fuga, evasão (f)	побег (м)	[pɔbég]
fugir (vi)	убежать (св, нпх)	[ubeʒátʲ]
desaparecer (vi)	исчезнуть (св, нпх)	[isʲéznutʲ]
soltar, libertar (vt)	освободить (св, пх)	[ɔsvɔbɔdítʲ]
amnistia (f)	амнистия (ж)	[amnístija]
polícia (instituição)	полиция (ж)	[polítsija]
polícia (m)	полицейский (м)	[politsǽjskij]
esquadra (f) de polícia	полицейский участок (м)	[politsǽjskij utʃástɔk]
cassetete (m)	резиновая дубинка (ж)	[rezínɔvaja dubínka]
megafone (m)	рупор (м)	[rúpɔr]
carro (m) de patrulha	патрульная машина (ж)	[patrúlʲnaja maʃína]
sirene (f)	сирена (ж)	[siréna]
ligar a sirene	включить сирену	[fklʲutʃítʲ sirénu]
toque (m) da sirene	вой (м) сирены	[vój siréni]
cena (f) do crime	место (с) преступления	[méstɔ prestuplénija]
testemunha (f)	свидетель (м)	[svidételʲ]
liberdade (f)	свобода (ж)	[svɔbóda]
cúmplice (m)	сообщник (м)	[sɔópʃʲnik]
escapar (vi)	скрыться (св, возв)	[skrítsa]
traço (não deixar ~s)	след (м)	[sléd]

121. Polícia. Lei. Parte 2

procura (f)	розыск (м)	[rózisk]
procurar (vt)	разыскивать ... (нсв, пх)	[razískivatʲ ...]
suspeita (f)	подозрение (с)	[pɔdɔzrénie]
suspeito	подозрительный	[pɔdɔzrítelʲnij]
parar (vt)	остановить (св, пх)	[ɔstanɔvítʲ]
deter (vt)	задержать (св, пх)	[zaderʒátʲ]
caso (criminal)	дело (с)	[délɔ]
investigação (f)	следствие (с)	[slétstvie]
detetive (m)	детектив, сыщик (м)	[dɛtɛktíf], [síʃʲik]
investigador (m)	следователь (м)	[slédɔvatelʲ]
versão (f)	версия (ж)	[vérsija]
motivo (m)	мотив (м)	[mɔtíf]
interrogatório (m)	допрос (м)	[dɔprós]
interrogar (vt)	допрашивать (нсв, пх)	[dɔpráʃivatʲ]
questionar (vt)	опрашивать (нсв, пх)	[ɔpráʃivatʲ]
verificação (f)	проверка (ж)	[prɔvérka]
batida (f) policial	облава (ж)	[ɔbláva]
busca (f)	обыск (м)	[óbisk]

perseguição (f)	погоня (ж)	[pɔgónʲa]
perseguir (vt)	преследовать (нсв, пх)	[preslédɔvatʲ]
seguir (vt)	следить (нсв, нпх)	[sledítʲ]
prisão (f)	арест (м)	[arést]
prender (vt)	арестовать (св, пх)	[arestɔvátʲ]
pegar, capturar (vt)	поймать (св, пх)	[pɔjmátʲ]
captura (f)	поимка (ж)	[pɔímka]
documento (m)	документ (м)	[dɔkumént]
prova (f)	доказательство (с)	[dɔkazátelʲstvɔ]
provar (vt)	доказывать (нсв, пх)	[dɔkázivatʲ]
pegada (f)	след (м)	[sléd]
impressões (f pl) digitais	отпечатки (м мн) пальцев	[ɔtpetʃátki pálʲtsɛf]
prova (f)	улика (ж)	[ulíka]
álibi (m)	алиби (с)	[álibi]
inocente	невиновный	[nevinóvnij]
injustiça (f)	несправедливость (ж)	[nespravedlívɔstʲ]
injusto	несправедливый	[nespravedlívij]
criminal	криминальный	[kriminálʲnij]
confiscar (vt)	конфисковать (св, пх)	[kɔnfiskɔvátʲ]
droga (f)	наркотик (м)	[narkótik]
arma (f)	оружие (с)	[ɔrúʒie]
desarmar (vt)	обезоружить (св, пх)	[ɔbezɔrúʒitʲ]
ordenar (vt)	приказывать (нсв, пх)	[prikázivatʲ]
desaparecer (vi)	исчезнуть (св, нпх)	[isʃéznutʲ]
lei (f)	закон (м)	[zakón]
legal	законный	[zakónnij]
ilegal	незаконный	[nezakónnij]
responsabilidade (f)	ответственность (ж)	[ɔtvétstvenɔstʲ]
responsável	ответственный	[ɔtvétstvenij]

NATUREZA

A Terra. Parte 1

122. Espaço sideral

cosmos (m)	космос (м)	[kósmɔs]
cósmico	космический	[kɔsmítʃeskij]
espaço (m) cósmico	космическое пространство	[kɔsmítʃeskɔe prɔstránstvɔ]

mundo (m)	мир (м)	[mír]
universo (m)	вселенная (ж)	[fselénnaja]
galáxia (f)	галактика (ж)	[galáktika]

estrela (f)	звезда (ж)	[zvezdá]
constelação (f)	созвездие (с)	[sɔzvézdie]
planeta (m)	планета (ж)	[planéta]
satélite (m)	спутник (м)	[spútnik]

meteorito (m)	метеорит (м)	[meteɔrít]
cometa (m)	комета (ж)	[kɔméta]
asteroide (m)	астероид (м)	[astɛróid]

órbita (f)	орбита (ж)	[ɔrbíta]
girar (vi)	вращаться (нсв, возв)	[vraʃátsa]
atmosfera (f)	атмосфера (ж)	[atmɔsféra]

Sol (m)	Солнце (с)	[sóntse]
Sistema (m) Solar	Солнечная система (ж)	[sólnetʃnaja sistéma]
eclipse (m) solar	солнечное затмение (с)	[sólnetʃnɔe zatménie]

Terra (f)	Земля (ж)	[zemlʲá]
Lua (f)	Луна (ж)	[luná]

Marte (m)	Марс (м)	[márs]
Vénus (f)	Венера (ж)	[venéra]
Júpiter (m)	Юпитер (м)	[jupíter]
Saturno (m)	Сатурн (м)	[satúrn]

Mercúrio (m)	Меркурий (м)	[merkúrij]
Urano (m)	Уран (м)	[urán]
Neptuno (m)	Нептун (м)	[neptún]
Plutão (m)	Плутон (м)	[plutón]

Via Láctea (f)	Млечный Путь (м)	[mlétʃnij pútʲ]
Ursa Maior (f)	Большая Медведица (ж)	[bolʲʃája medvéditsa]
Estrela Polar (f)	Полярная Звезда (ж)	[polʲárnaja zvezdá]
marciano (m)	марсианин (м)	[marsiánin]

extraterrestre (m)	инопланетянин (м)	[inɔplanetʲánin]
alienígena (m)	пришелец (м)	[priʃǽlets]
disco (m) voador	летающая тарелка (ж)	[letájuʃaja tarélka]

nave (f) espacial	космический корабль (м)	[kɔsmítʃeskij kɔrábʲ]
estação (f) orbital	орбитальная станция (ж)	[ɔrbitálʲnaja stántsija]
lançamento (m)	старт (м)	[stárt]

motor (m)	двигатель (м)	[dvígatelʲ]
bocal (m)	сопло (с)	[sɔpló]
combustível (m)	топливо (с)	[tóplivɔ]

cabine (f)	кабина (ж)	[kabína]
antena (f)	антенна (ж)	[antǽna]
vigia (f)	иллюминатор (м)	[ilʲuminátɔr]
bateria (f) solar	солнечная батарея (ж)	[sólnetʃnaja bataréja]
traje (m) espacial	скафандр (м)	[skafándr]

imponderabilidade (f)	невесомость (ж)	[nevesómɔstʲ]
oxigénio (m)	кислород (м)	[kislɔród]

acoplagem (f)	стыковка (ж)	[stikófka]
fazer uma acoplagem	производить стыковку	[prɔizvɔdítʲ stikófku]

observatório (m)	обсерватория (ж)	[ɔpservatórija]
telescópio (m)	телескоп (м)	[teleskóp]
observar (vt)	наблюдать (нсв, нпх)	[nablʲudátʲ]
explorar (vt)	исследовать (н/св, пх)	[islédɔvatʲ]

123. A Terra

Terra (f)	Земля (ж)	[zemlʲá]
globo terrestre (Terra)	земной шар (м)	[zemnój ʃár]
planeta (m)	планета (ж)	[planéta]

atmosfera (f)	атмосфера (ж)	[atmɔsféra]
geografia (f)	география (ж)	[geɔgráfija]
natureza (f)	природа (ж)	[priróda]

globo (mapa esférico)	глобус (м)	[glóbus]
mapa (m)	карта (ж)	[kárta]
atlas (m)	атлас (м)	[átlas]

Europa (f)	Европа (ж)	[evrópa]
Ásia (f)	Азия (ж)	[ázija]
África (f)	Африка (ж)	[áfrika]
Austrália (f)	Австралия (ж)	[afstrálija]

América (f)	Америка (ж)	[amérika]
América (f) do Norte	Северная Америка (ж)	[sévernaja amérika]
América (f) do Sul	Южная Америка (ж)	[júʒnaja amérika]

Antártida (f)	Антарктида (ж)	[antarktída]
Ártico (m)	Арктика (ж)	[árktika]

124. Pontos cardeais

norte (m)	север (м)	[séver]
para norte	на север	[na séver]
no norte	на севере	[na sévere]
do norte	северный	[sévernʲij]
sul (m)	юг (м)	[júg]
para sul	на юг	[na júg]
no sul	на юге	[na júge]
do sul	южный	[júʒnʲij]
oeste, ocidente (m)	запад (м)	[západ]
para oeste	на запад	[na západ]
no oeste	на западе	[na západe]
ocidental	западный	[západnʲij]
leste, oriente (m)	восток (м)	[vɔstók]
para leste	на восток	[na vɔstók]
no leste	на востоке	[na vɔstóke]
oriental	восточный	[vɔstótʃnʲij]

125. Mar. Oceano

mar (m)	море (с)	[móre]
oceano (m)	океан (м)	[ɔkeán]
golfo (m)	залив (м)	[zalíf]
estreito (m)	пролив (м)	[prɔlíf]
terra (f) firme	земля (ж), суша (ж)	[zemlʲá], [súʃa]
continente (m)	материк (м)	[materík]
ilha (f)	остров (м)	[óstrɔf]
península (f)	полуостров (м)	[pɔlu·óstrɔf]
arquipélago (m)	архипелаг (м)	[arhipelág]
baía (f)	бухта (ж)	[búhta]
porto (m)	гавань (ж)	[gávanʲ]
lagoa (f)	лагуна (ж)	[lagúna]
cabo (m)	мыс (м)	[mɨs]
atol (m)	атолл (м)	[atól]
recife (m)	риф (м)	[ríf]
coral (m)	коралл (м)	[kɔrál]
recife (m) de coral	коралловый риф (м)	[kɔrálɔvij ríf]
profundo	глубокий	[glubókij]
profundidade (f)	глубина (ж)	[glubiná]
abismo (m)	бездна (ж)	[bézdna]
fossa (f) oceânica	впадина (ж)	[fpádina]
corrente (f)	течение (с)	[tetʃénie]
banhar (vt)	омывать (нсв, пх)	[ɔmivátʲ]
litoral (m)	побережье (с)	[pɔberéʒje]

costa (f)	берег (м)	[béreg]
maré (f) alta	прилив (м)	[prilíf]
refluxo (m), maré (f) baixa	отлив (м)	[ɔtlíf]
restinga (f)	отмель (ж)	[ótmelʲ]
fundo (m)	дно (с)	[dnó]
onda (f)	волна (ж)	[vɔlná]
crista (f) da onda	гребень (м) волны	[grébenʲ vɔlnī]
espuma (f)	пена (ж)	[péna]
tempestade (f)	буря (ж)	[búrʲa]
furacão (m)	ураган (м)	[uragán]
tsunami (m)	цунами (с)	[tsunámi]
calmaria (f)	штиль (м)	[ʃtílʲ]
calmo	спокойный	[spɔkójnij]
polo (m)	полюс (м)	[pólʲus]
polar	полярный	[pɔlʲárnij]
latitude (f)	широта (ж)	[ʃirɔtá]
longitude (f)	долгота (ж)	[dɔlgɔtá]
paralela (f)	параллель (ж)	[paralélʲ]
equador (m)	экватор (м)	[ɛkvátɔr]
céu (m)	небо (с)	[nébɔ]
horizonte (m)	горизонт (м)	[gɔrizónt]
ar (m)	воздух (м)	[vózduh]
farol (m)	маяк (м)	[maják]
mergulhar (vi)	нырять (нсв, нпх)	[nirʲátʲ]
afundar-se (vr)	затонуть (св, нпх)	[zatɔnútʲ]
tesouros (m pl)	сокровища (мн)	[sɔkróviʃa]

126. Nomes de Mares e Oceanos

Oceano (m) Atlântico	Атлантический океан (м)	[atlantítʃeskij ɔkeán]
Oceano (m) Índico	Индийский океан (м)	[indíjskij ɔkeán]
Oceano (m) Pacífico	Тихий океан (м)	[tíhij ɔkeán]
Oceano (m) Ártico	Северный Ледовитый океан (м)	[sévernij ledɔvítij ɔkeán]
Mar (m) Negro	Чёрное море (с)	[tʃórnɔe mórе]
Mar (m) Vermelho	Красное море (с)	[krásnɔe móre]
Mar (m) Amarelo	Жёлтое море (с)	[ʒóltɔe móre]
Mar (m) Branco	Белое море (с)	[bélɔe móre]
Mar (m) Cáspio	Каспийское море (с)	[kaspíjskɔe móre]
Mar (m) Morto	Мёртвое море (с)	[mǿrtvɔe móre]
Mar (m) Mediterrâneo	Средиземное море (с)	[sredizémnɔe móre]
Mar (m) Egeu	Эгейское море (с)	[ɛgéjskɔe móre]
Mar (m) Adriático	Адриатическое море (с)	[adriatítʃeskɔe móre]
Mar (m) Arábico	Аравийское море (с)	[aravíjskɔe móre]
Mar (m) do Japão	японское море (с)	[jipónskɔe móre]

Mar (m) de Bering	Берингово море (c)	[béringɔvɔ móre]
Mar (m) da China Meridional	Южно-Китайское море (c)	[júʒnɔ-kitájskɔe móre]
Mar (m) de Coral	Коралловое море (c)	[kɔrálɔvɔe móre]
Mar (m) de Tasman	Тасманово море (c)	[tasmánɔvɔ móre]
Mar (m) do Caribe	Карибское море (c)	[karíbskɔe móre]
Mar (m) de Barents	Баренцево море (c)	[bárentsɛvɔ móre]
Mar (m) de Kara	Карское море (c)	[kárskɔe móre]
Mar (m) do Norte	Северное море (c)	[sévernɔe móre]
Mar (m) Báltico	Балтийское море (c)	[baltíjskɔe móre]
Mar (m) da Noruega	Норвежское море (c)	[nɔrvéʒskɔe móre]

127. Montanhas

montanha (f)	гора (ж)	[gɔrá]
cordilheira (f)	горная цепь (ж)	[górnaja tsæpʲ]
serra (f)	горный хребет (м)	[górnij hrebét]
cume (m)	вершина (ж)	[verʃína]
pico (m)	пик (м)	[pík]
sopé (m)	подножие (c)	[pɔdnóʒie]
declive (m)	склон (м)	[sklón]
vulcão (m)	вулкан (м)	[vulkán]
vulcão (m) ativo	действующий вулкан (м)	[déjstvujuʃij vulkán]
vulcão (m) extinto	потухший вулкан (м)	[pɔtúhʃij vulkán]
erupção (f)	извержение (c)	[izverʒǽnie]
cratera (f)	кратер (м)	[krátɛr]
magma (m)	магма (ж)	[mágma]
lava (f)	лава (ж)	[láva]
fundido (lava ~a)	раскалённый	[raskalǿnnij]
desfiladeiro (m)	каньон (м)	[kanjón]
garganta (f)	ущелье (c)	[uʃʲélje]
fenda (f)	расщелина (ж)	[raʃʲélina]
passo, colo (m)	перевал (м)	[perevál]
planalto (m)	плато (c)	[plató]
falésia (f)	скала (ж)	[skalá]
colina (f)	холм (м)	[hólm]
glaciar (m)	ледник (м)	[ledník]
queda (f) d'água	водопад (м)	[vɔdɔpád]
géiser (m)	гейзер (м)	[géjzer]
lago (m)	озеро (c)	[ózerɔ]
planície (f)	равнина (ж)	[ravnína]
paisagem (f)	пейзаж (м)	[pejzáʃ]
eco (m)	эхо (c)	[ǽhɔ]
alpinista (m)	альпинист (м)	[alʲpiníst]
escalador (m)	скалолаз (м)	[skalɔlás]

conquistar (vt)	покорять (нсв, пх)	[pɔkɔrʲátʲ]
subida, escalada (f)	восхождение (c)	[vɔsxɔʒdénie]

128. Nomes de montanhas

Alpes (m pl)	Альпы (мн)	[álʲpi]
monte Branco (m)	Монблан (м)	[mɔnblán]
Pirineus (m pl)	Пиренеи (мн)	[pirenéi]
Cárpatos (m pl)	Карпаты (мн)	[karpáti]
montes (m pl) Urais	Уральские горы (мн)	[urálʲskie góri]
Cáucaso (m)	Кавказ (м)	[kafkás]
Elbrus (m)	Эльбрус (м)	[ɛlʲbrús]
Altai (m)	Алтай (м)	[altáj]
Tian Shan (m)	Тянь-Шань (ж)	[tʲánʲ-ʃánʲ]
Pamir (m)	Памир (м)	[pamír]
Himalaias (m pl)	Гималаи (мн)	[gimalái]
monte (m) Everest	Эверест (м)	[ɛverést]
Cordilheira (f) dos Andes	Анды (мн)	[ándi]
Kilimanjaro (m)	Килиманджаро (ж)	[kilimandʒárɔ]

129. Rios

rio (m)	река (ж)	[reká]
fonte, nascente (f)	источник (м)	[istótʃnik]
leito (m) do rio	русло (c)	[rúslɔ]
bacia (f)	бассейн (м)	[baséejn]
desaguar no ...	впадать в ... (нсв)	[fpadátʲ f ...]
afluente (m)	приток (м)	[pritók]
margem (do rio)	берег (м)	[béreg]
corrente (f)	течение (c)	[tetʃénie]
rio abaixo	вниз по течению	[vnís pɔ tetʃéniju]
rio acima	вверх по течению	[vvérh pɔ tetʃéniju]
inundação (f)	наводнение (c)	[navɔdnénie]
cheia (f)	половодье (c)	[pɔlɔvódje]
transbordar (vi)	разливаться (нсв, возв)	[razlivátsa]
inundar (vt)	затоплять (нсв, пх)	[zatɔplʲátʲ]
banco (m) de areia	мель (ж)	[mélʲ]
rápidos (m pl)	порог (м)	[pɔróg]
barragem (f)	плотина (ж)	[plɔtína]
canal (m)	канал (м)	[kanál]
reservatório (m) de água	водохранилище (c)	[vódɔ·hraníliʃe]
eclusa (f)	шлюз (м)	[ʃlʲús]
corpo (m) de água	водоём (м)	[vɔdɔjóm]
pântano (m)	болото (c)	[bɔlótɔ]

tremedal (m)	трясина (ж)	[trɪsína]
remoinho (m)	водоворот (м)	[vɔdɔvɔrót]
arroio, regato (m)	ручей (м)	[rutʃéj]
potável	питьевой	[pitjevój]
doce (água)	пресный	[présnɨj]
gelo (m)	лёд (м)	[lǿd]
congelar-se (vr)	замёрзнуть (св, нпх)	[zamǿrznutʲ]

130. Nomes de rios

rio Sena (m)	Сена (ж)	[séna]
rio Loire (m)	Луара (ж)	[luára]
rio Tamisa (m)	Темза (ж)	[tǽmza]
rio Reno (m)	Рейн (м)	[rǽjn]
rio Danúbio (m)	Дунай (м)	[dunáj]
rio Volga (m)	Волга (ж)	[vólga]
rio Don (m)	Дон (м)	[dón]
rio Lena (m)	Лена (ж)	[léna]
rio Amarelo (m)	Хуанхэ (ж)	[huanhǽ]
rio Yangtzé (m)	янцзы (ж)	[jɪntszɨ̄]
rio Mekong (m)	Меконг (м)	[mekóng]
rio Ganges (m)	Ганг (м)	[gáng]
rio Nilo (m)	Нил (м)	[níl]
rio Congo (m)	Конго (ж)	[kóngɔ]
rio Cubango (m)	Окаванго (ж)	[ɔkavángɔ]
rio Zambeze (m)	Замбези (ж)	[zambézi]
rio Limpopo (m)	Лимпопо (ж)	[limpɔpó]
rio Mississípi (m)	Миссисипи (ж)	[misisípi]

131. Floresta

floresta (f), bosque (m)	лес (м)	[lés]
florestal	лесной	[lesnój]
mata (f) cerrada	чаща (ж)	[tʃáʃʲa]
arvoredo (m)	роща (ж)	[róʃʲa]
clareira (f)	поляна (ж)	[polʲána]
matagal (m)	заросли (мн)	[zárɔsli]
mato (m)	кустарник (м)	[kustárnik]
vereda (f)	тропинка (ж)	[trɔpínka]
ravina (f)	овраг (м)	[ɔvrág]
árvore (f)	дерево (с)	[dérevɔ]
folha (f)	лист (м)	[líst]

folhagem (f)	листва (ж)	[listvá]
queda (f) das folhas	листопад (м)	[listɔpád]
cair (vi)	опадать (нсв, нпх)	[ɔpadátʲ]
topo (m)	верхушка (ж)	[verhúʃka]

ramo (m)	ветка (ж)	[vétka]
galho (m)	сук (м)	[súk]
botão, rebento (m)	почка (ж)	[pótʧka]
agulha (f)	игла (ж)	[iglá]
pinha (f)	шишка (ж)	[ʃíʃka]

buraco (m) de árvore	дупло (с)	[dupló]
ninho (m)	гнездо (с)	[gnezdó]
toca (f)	нора (ж)	[nɔrá]

tronco (m)	ствол (м)	[stvól]
raiz (f)	корень (м)	[kórenʲ]
casca (f) de árvore	кора (ж)	[kɔrá]
musgo (m)	мох (м)	[móh]

arrancar pela raiz	корчевать (нсв, пх)	[kɔrʧevátʲ]
cortar (vt)	рубить (нсв, пх)	[rubítʲ]
desflorestar (vt)	вырубать лес	[virubátʲ lʲés]
toco, cepo (m)	пень (м)	[pénʲ]

fogueira (f)	костёр (м)	[kɔstǿr]
incêndio (m) florestal	пожар (м)	[pɔʒár]
apagar (vt)	тушить (нсв, пх)	[tuʃítʲ]

guarda-florestal (m)	лесник (м)	[lesník]
proteção (f)	охрана (ж)	[ɔhrána]
proteger (a natureza)	охранять (нсв, пх)	[ɔhranʲátʲ]
caçador (m) furtivo	браконьер (м)	[brakɔnjér]
armadilha (f)	капкан (м)	[kapkán]

colher (cogumelos, bagas)	собирать (нсв, пх)	[sɔbirátʲ]
perder-se (vr)	заблудиться (св, возв)	[zabludítsa]

132. Recursos naturais

recursos (m pl) naturais	природные ресурсы (м мн)	[priródnie resúrsi]
minerais (m pl)	полезные ископаемые (с мн)	[poléznie iskɔpáemie]

depósitos (m pl)	залежи (мн)	[záleʒi]
jazida (f)	месторождение (с)	[mestɔrɔʒdénie]

extrair (vt)	добывать (нсв, пх)	[dɔbivátʲ]
extração (f)	добыча (ж)	[dɔbíʧa]
minério (m)	руда (ж)	[rudá]
mina (f)	рудник (м)	[rudník]
poço (m) de mina	шахта (ж)	[ʃáhta]
mineiro (m)	шахтёр (м)	[ʃahtǿr]
gás (m)	газ (м)	[gás]
gasoduto (m)	газопровод (м)	[gazɔ·prɔvód]

petróleo (m)	нефть (ж)	[néftʲ]
oleoduto (m)	нефтепровод (м)	[nefte·prɔvód]
poço (m) de petróleo	нефтяная вышка (ж)	[neftɪnája vɨʃka]
torre (f) petrolífera	буровая вышка (ж)	[burɔvája vɨʃka]
petroleiro (m)	танкер (м)	[tánker]

areia (f)	песок (м)	[pesók]
calcário (m)	известняк (м)	[izvesnʲák]
cascalho (m)	гравий (м)	[grávij]
turfa (f)	торф (м)	[tórf]
argila (f)	глина (ж)	[glína]
carvão (m)	уголь (м)	[úgɔlʲ]

ferro (m)	железо (с)	[ʒelézɔ]
ouro (m)	золото (с)	[zólɔtɔ]
prata (f)	серебро (с)	[serebró]
níquel (m)	никель (м)	[níkelʲ]
cobre (m)	медь (ж)	[métʲ]

zinco (m)	цинк (м)	[ʦɨnk]
manganês (m)	марганец (м)	[márganeʦ]
mercúrio (m)	ртуть (ж)	[rtútʲ]
chumbo (m)	свинец (м)	[svinéʦ]

mineral (m)	минерал (м)	[minerál]
cristal (m)	кристалл (м)	[kristál]
mármore (m)	мрамор (м)	[mrámɔr]
urânio (m)	уран (м)	[urán]

A Terra. Parte 2

133. Tempo

tempo (m)	погода (ж)	[pɔgóda]
previsão (f) do tempo	прогноз (м) погоды	[prɔgnós pɔgódi]
temperatura (f)	температура (ж)	[temperatúra]
termómetro (m)	термометр (м)	[termómetr]
barómetro (m)	барометр (м)	[barómetr]
húmido	влажный	[vláʒnij]
humidade (f)	влажность (ж)	[vláʒnɔstʲ]
calor (m)	жара (ж)	[ʒará]
cálido	жаркий	[ʒárkij]
está muito calor	жарко	[ʒárkɔ]
está calor	тепло	[tepló]
quente	тёплый	[tǿplij]
está frio	холодно	[hólɔdnɔ]
frio	холодный	[hɔlódnij]
sol (m)	солнце (с)	[sóntse]
brilhar (vi)	светить (нсв, нпх)	[svetítʲ]
de sol, ensolarado	солнечный	[sólnetʃnij]
nascer (vi)	взойти (св, нпх)	[vzɔjtí]
pôr-se (vr)	сесть (св, нпх)	[séstʲ]
nuvem (f)	облако (с)	[óblakɔ]
nublado	облачный	[óblatʃnij]
nuvem (f) preta	туча (ж)	[tútʃa]
escuro, cinzento	пасмурный	[pásmurnij]
chuva (f)	дождь (м)	[dóʃtʲ], [dóʃʲ]
está a chover	идёт дождь	[idǿt dóʃtʲ]
chuvoso	дождливый	[dɔʒdlívij]
chuviscar (vi)	моросить (нсв, нпх)	[mɔrɔsítʲ]
chuva (f) torrencial	проливной дождь (м)	[prɔlivnój dóʃtʲ]
chuvada (f)	ливень (м)	[lívenʲ]
forte (chuva)	сильный	[sílʲnij]
poça (f)	лужа (ж)	[lúʒa]
molhar-se (vr)	промокнуть (св, нпх)	[prɔmóknutʲ]
nevoeiro (m)	туман (м)	[tumán]
de nevoeiro	туманный	[tumánnij]
neve (f)	снег (м)	[snég]
está a nevar	идёт снег	[idǿt snég]

134. Tempo extremo. Catástrofes naturais

trovoada (f)	гроза (ж)	[grɔzá]
relâmpago (m)	молния (ж)	[mólnija]
relampejar (vi)	сверкать (нсв, нпх)	[sverkátʲ]

trovão (m)	гром (м)	[gróm]
trovejar (vi)	греметь (нсв, нпх)	[gremétʲ]
está a trovejar	гремит гром	[gremít gróm]

granizo (m)	град (м)	[grád]
está a cair granizo	идёт град	[idǿt grád]

inundar (vt)	затопить (св, пх)	[zatɔpítʲ]
inundação (f)	наводнение (с)	[navɔdnénie]

terremoto (m)	землетрясение (с)	[zemletrɪsénie]
abalo, tremor (m)	толчок (м)	[tɔltʃók]
epicentro (m)	эпицентр (м)	[ɛpitsǽntr]

erupção (f)	извержение (с)	[izverʒǽnie]
lava (f)	лава (ж)	[láva]

turbilhão (m)	смерч (м)	[smértʃ]
tornado (m)	торнадо (м)	[tɔrnádɔ]
tufão (m)	тайфун (м)	[tajfún]

furacão (m)	ураган (м)	[uragán]
tempestade (f)	буря (ж)	[búrʲa]
tsunami (m)	цунами (с)	[tsunámi]

ciclone (m)	циклон (м)	[tsiklón]
mau tempo (m)	непогода (ж)	[nepɔgóda]
incêndio (m)	пожар (м)	[pɔʒár]
catástrofe (f)	катастрофа (ж)	[katastrófa]
meteorito (m)	метеорит (м)	[meteɔrít]

avalanche (f)	лавина (ж)	[lavína]
deslizamento (m) de neve	обвал (м)	[ɔbvál]
nevasca (f)	метель (ж)	[metélʲ]
tempestade (f) de neve	вьюга (ж)	[vjúga]

Fauna

135. Mamíferos. Predadores

predador (m)	хищник (м)	[híʃnik]
tigre (m)	тигр (м)	[tígr]
leão (m)	лев (м)	[léf]
lobo (m)	волк (м)	[vólk]
raposa (f)	лиса (ж)	[lisá]
jaguar (m)	ягуар (м)	[jɪguár]
leopardo (m)	леопард (м)	[leɔpárd]
chita (f)	гепард (м)	[gepárd]
pantera (f)	пантера (ж)	[pantǽra]
puma (m)	пума (ж)	[púma]
leopardo-das-neves (m)	снежный барс (м)	[snéʒnij bárs]
lince (m)	рысь (ж)	[rīsʲ]
coiote (m)	койот (м)	[kɔjót]
chacal (m)	шакал (м)	[ʃakál]
hiena (f)	гиена (ж)	[giéna]

136. Animais selvagens

animal (m)	животное (с)	[ʒivótnɔe]
besta (f)	зверь (м)	[zvérʲ]
esquilo (m)	белка (ж)	[bélka]
ouriço (m)	ёж (м)	[jóʃ]
lebre (f)	заяц (м)	[záɪts]
coelho (m)	кролик (м)	[królik]
texugo (m)	барсук (м)	[barsúk]
guaxinim (m)	енот (м)	[enót]
hamster (m)	хомяк (м)	[hɔmʲák]
marmota (f)	сурок (м)	[surók]
toupeira (f)	крот (м)	[krót]
rato (m)	мышь (ж)	[mīʃ]
ratazana (f)	крыса (ж)	[krīsa]
morcego (m)	летучая мышь (ж)	[letútʃaja mīʃ]
arminho (m)	горностай (м)	[gɔrnɔstáj]
zibelina (f)	соболь (м)	[sóbɔlʲ]
marta (f)	куница (ж)	[kunítsa]
doninha (f)	ласка (ж)	[láska]
vison (m)	норка (ж)	[nórka]

castor (m)	бобр (м)	[bóbr]
lontra (f)	выдра (ж)	[vɨ́dra]
cavalo (m)	лошадь (ж)	[lóʃatʲ]
alce (m)	лось (м)	[lósʲ]
veado (m)	олень (м)	[ɔlénʲ]
camelo (m)	верблюд (м)	[verblʲúd]
bisão (m)	бизон (м)	[bizón]
auroque (m)	зубр (м)	[zúbr]
búfalo (m)	буйвол (м)	[bújvɔl]
zebra (f)	зебра (ж)	[zébra]
antílope (m)	антилопа (ж)	[antilópa]
corça (f)	косуля (ж)	[kɔsúlʲa]
gamo (m)	лань (ж)	[lánʲ]
camurça (f)	серна (ж)	[sérna]
javali (m)	кабан (м)	[kabán]
baleia (f)	кит (м)	[kít]
foca (f)	тюлень (м)	[tʲulénʲ]
morsa (f)	морж (м)	[mórʃ]
urso-marinho (m)	котик (м)	[kótik]
golfinho (m)	дельфин (м)	[delʲfín]
urso (m)	медведь (м)	[medvétʲ]
urso (m) branco	белый медведь (м)	[bélɨj medvétʲ]
panda (m)	панда (ж)	[pánda]
macaco (em geral)	обезьяна (ж)	[ɔbezjána]
chimpanzé (m)	шимпанзе (с)	[ʃimpanzǽ]
orangotango (m)	орангутанг (м)	[ɔrangutáng]
gorila (m)	горилла (ж)	[gɔríla]
macaco (m)	макака (ж)	[makáka]
gibão (m)	гиббон (м)	[gibón]
elefante (m)	слон (м)	[slón]
rinoceronte (m)	носорог (м)	[nɔsɔróg]
girafa (f)	жираф (м)	[ʒɨráf]
hipopótamo (m)	бегемот (м)	[begemót]
canguru (m)	кенгуру (м)	[kengurú]
coala (m)	коала (ж)	[kɔála]
mangusto (m)	мангуст (м)	[mangúst]
chinchila (m)	шиншилла (ж)	[ʃinʃɨla]
doninha-fedorenta (f)	скунс (м)	[skúns]
porco-espinho (m)	дикобраз (м)	[dikɔbrás]

137. Animais domésticos

gata (f)	кошка (ж)	[kóʃka]
gato (m) macho	кот (м)	[kót]
cavalo (m)	лошадь (ж)	[lóʃatʲ]

garanhão (m)	жеребец (м)	[ʒerebéʦ]
égua (f)	кобыла (ж)	[kɔbɨ́la]
vaca (f)	корова (ж)	[kɔróva]
touro (m)	бык (м)	[bɨ́k]
boi (m)	вол (м)	[vól]
ovelha (f)	овца (ж)	[ɔfʦá]
carneiro (m)	баран (м)	[barán]
cabra (f)	коза (ж)	[kɔzá]
bode (m)	козёл (м)	[kɔzǿl]
burro (m)	осёл (м)	[ɔsǿl]
mula (f)	мул (м)	[múl]
porco (m)	свинья (ж)	[svinjá]
leitão (m)	поросёнок (м)	[pɔrɔsǿnɔk]
coelho (m)	кролик (м)	[królik]
galinha (f)	курица (ж)	[kúriʦa]
galo (m)	петух (м)	[petúh]
pata (f)	утка (ж)	[útka]
pato (macho)	селезень (м)	[sélezenʲ]
ganso (m)	гусь (м)	[gúsʲ]
peru (m)	индюк (м)	[indʲúk]
perua (f)	индюшка (ж)	[indʲúʃka]
animais (m pl) domésticos	домашние животные (с мн)	[dɔmáʃnie ʒivótnie]
domesticado	ручной	[rutʃnój]
domesticar (vt)	приручать (нсв, пх)	[prirutʃátʲ]
criar (vt)	выращивать (нсв, пх)	[viráʃivatʲ]
quinta (f)	ферма (ж)	[férma]
aves (f pl) domésticas	домашняя птица (ж)	[dɔmáʃnʲaja ptíʦa]
gado (m)	скот (м)	[skót]
rebanho (m), manada (f)	стадо (с)	[stádɔ]
estábulo (m)	конюшня (ж)	[kɔnʲúʃnʲa]
pocilga (f)	свинарник (м)	[svinárnik]
estábulo (m)	коровник (м)	[kɔróvnik]
coelheira (f)	крольчатник (м)	[krɔlʲtʃátnik]
galinheiro (m)	курятник (м)	[kurʲátnik]

138. Pássaros

pássaro (m), ave (f)	птица (ж)	[ptíʦa]
pombo (m)	голубь (м)	[gólupʲ]
pardal (m)	воробей (м)	[vɔrɔbéj]
chapim-real (m)	синица (ж)	[siníʦa]
pega-rabuda (f)	сорока (ж)	[sɔróka]
corvo (m)	ворон (м)	[vórɔn]
gralha (f) cinzenta	ворона (ж)	[vɔróna]

gralha-de-nuca-cinzenta (f)	галка (ж)	[gálka]
gralha-calva (f)	грач (м)	[grátʃ]
pato (m)	утка (ж)	[útka]
ganso (m)	гусь (м)	[gúsʲ]
faisão (m)	фазан (м)	[fazán]
águia (f)	орёл (м)	[ɔrǿl]
açor (m)	ястреб (м)	[jástreb]
falcão (m)	сокол (м)	[sókɔl]
abutre (m)	гриф (м)	[gríf]
condor (m)	кондор (м)	[kóndɔr]
cisne (m)	лебедь (м)	[lébetʲ]
grou (m)	журавль (м)	[ʒurávlʲ]
cegonha (f)	аист (м)	[áist]
papagaio (m)	попугай (м)	[pɔpugáj]
beija-flor (m)	колибри (ж)	[kɔlíbri]
pavão (m)	павлин (м)	[pavlín]
avestruz (m)	страус (м)	[stráus]
garça (f)	цапля (ж)	[tsáplʲa]
flamingo (m)	фламинго (c)	[flamíngɔ]
pelicano (m)	пеликан (м)	[pelikán]
rouxinol (m)	соловей (м)	[sɔlɔvéj]
andorinha (f)	ласточка (ж)	[lástɔtʃka]
tordo-zornal (m)	дрозд (м)	[drózd]
tordo-músico (m)	певчий дрозд (м)	[péftʃij drózd]
melro-preto (m)	чёрный дрозд (м)	[tʃórnij drózd]
andorinhão (m)	стриж (м)	[stríʃ]
cotovia (f)	жаворонок (м)	[ʒávɔrɔnɔk]
codorna (f)	перепел (м)	[pérepel]
pica-pau (m)	дятел (м)	[dʲátel]
cuco (m)	кукушка (ж)	[kukúʃka]
coruja (f)	сова (ж)	[sɔvá]
corujão, bufo (m)	филин (м)	[fílin]
tetraz-grande (m)	глухарь (м)	[gluhárʲ]
tetraz-lira (m)	тетерев (м)	[téteref]
perdiz-cinzenta (f)	куропатка (ж)	[kurɔpátka]
estorninho (m)	скворец (м)	[skvɔréts]
canário (m)	канарейка (ж)	[kanaréjka]
galinha-do-mato (f)	рябчик (м)	[rʲáptʃik]
tentilhão (m)	зяблик (м)	[zʲáblik]
dom-fafe (m)	снегирь (м)	[snegírʲ]
gaivota (f)	чайка (ж)	[tʃájka]
albatroz (m)	альбатрос (м)	[alʲbatrós]
pinguim (m)	пингвин (м)	[pingvín]

139. Peixes. Animais marinhos

brema (f)	лещ (м)	[léʃ]
carpa (f)	карп (м)	[kárp]
perca (f)	окунь (м)	[ókunʲ]
siluro (m)	сом (м)	[sóm]
lúcio (m)	щука (ж)	[ʃúka]
salmão (m)	лосось (м)	[lɔsósʲ]
esturjão (m)	осётр (м)	[ɔsǿtr]
arenque (m)	сельдь (ж)	[sélʲtʲ]
salmão (m)	сёмга (ж)	[sǿmga]
cavala, sarda (f)	скумбрия (ж)	[skúmbrija]
solha (f)	камбала (ж)	[kámbala]
lúcio perca (m)	судак (м)	[sudák]
bacalhau (m)	треска (ж)	[treská]
atum (m)	тунец (м)	[tunéts]
truta (f)	форель (ж)	[fɔrǽlʲ]
enguia (f)	угорь (м)	[úgɔrʲ]
raia elétrica (f)	электрический скат (м)	[ɛlektrítʃeskij skát]
moreia (f)	мурена (ж)	[muréna]
piranha (f)	пиранья (ж)	[piránja]
tubarão (m)	акула (ж)	[akúla]
golfinho (m)	дельфин (м)	[delʲfín]
baleia (f)	кит (м)	[kít]
caranguejo (m)	краб (м)	[kráb]
medusa, alforreca (f)	медуза (ж)	[medúza]
polvo (m)	осьминог (м)	[ɔsʲminóg]
estrela-do-mar (f)	морская звезда (ж)	[mɔrskája zvezdá]
ouriço-do-mar (m)	морской ёж (м)	[mɔrskój jóʃ]
cavalo-marinho (m)	морской конёк (м)	[mɔrskój kɔnǿk]
ostra (f)	устрица (ж)	[ústritsa]
camarão (m)	креветка (ж)	[krevétka]
lavagante (m)	омар (м)	[ɔmár]
lagosta (f)	лангуст (м)	[langúst]

140. Anfíbios. Répteis

serpente, cobra (f)	змея (ж)	[zmejá]
venenoso	ядовитый	[jɪdɔvítij]
víbora (f)	гадюка (ж)	[gadʲúka]
cobra-capelo, naja (f)	кобра (ж)	[kóbra]
pitão (m)	питон (м)	[pitón]
jiboia (f)	удав (м)	[udáf]
cobra-de-água (f)	уж (м)	[úʃ]

cascavel (f)	гремучая змея (ж)	[gremútʃaja zmejá]
anaconda (f)	анаконда (ж)	[anakónda]
lagarto (m)	ящерица (ж)	[jáʃeritsa]
iguana (f)	игуана (ж)	[iguána]
varano (m)	варан (м)	[varán]
salamandra (f)	саламандра (ж)	[salamándra]
camaleão (m)	хамелеон (м)	[hameleón]
escorpião (m)	скорпион (м)	[skɔrpión]
tartaruga (f)	черепаха (ж)	[tʃerepáha]
rã (f)	лягушка (ж)	[lɪgúʃka]
sapo (m)	жаба (ж)	[ʒába]
crocodilo (m)	крокодил (м)	[krɔkɔdíl]

141. Insetos

inseto (m)	насекомое (с)	[nasekómɔe]
borboleta (f)	бабочка (ж)	[bábɔtʃka]
formiga (f)	муравей (м)	[muravéj]
mosca (f)	муха (ж)	[múha]
mosquito (m)	комар (м)	[kɔmár]
escaravelho (m)	жук (м)	[ʒúk]
vespa (f)	оса (ж)	[ɔsá]
abelha (f)	пчела (ж)	[ptʃelá]
mamangava (f)	шмель (м)	[ʃmélʲ]
moscardo (m)	овод (м)	[óvɔd]
aranha (f)	паук (м)	[paúk]
teia (f) de aranha	паутина (ж)	[pautína]
libélula (f)	стрекоза (ж)	[strekɔzá]
gafanhoto-do-campo (m)	кузнечик (м)	[kuznétʃik]
traça (f)	мотылёк (м)	[mɔtɨlǿk]
barata (f)	таракан (м)	[tarakán]
carraça (f)	клещ (м)	[kléʃ]
pulga (f)	блоха (ж)	[blɔhá]
borrachudo (m)	мошка (ж)	[móʃka]
gafanhoto (m)	саранча (ж)	[sarantʃá]
caracol (m)	улитка (ж)	[ulítka]
grilo (m)	сверчок (м)	[svertʃók]
pirilampo (m)	светлячок (м)	[svetlɪtʃók]
joaninha (f)	божья коровка (ж)	[bóʒja kɔrófka]
besouro (m)	майский жук (м)	[májskij ʒúk]
sanguessuga (f)	пиявка (ж)	[pijáfka]
lagarta (f)	гусеница (ж)	[gúsenitsa]
minhoca (f)	червь (м)	[tʃérfʲ]
larva (f)	личинка (ж)	[litʃínka]

Flora

142. Árvores

árvore (f)	дерево (с)	[dérevɔ]
decídua	лиственное	[lístvenɔe]
conífera	хвойное	[hvójnɔe]
perene	вечнозелёное	[vetʃnɔ·zelǿnɔe]
macieira (f)	яблоня (ж)	[jáblɔnʲa]
pereira (f)	груша (ж)	[grúʃa]
cerejeira (f)	черешня (ж)	[tʃeréʃnʲa]
ginjeira (f)	вишня (ж)	[víʃnʲa]
ameixeira (f)	слива (ж)	[slíva]
bétula (f)	берёза (ж)	[berǿza]
carvalho (m)	дуб (м)	[dúb]
tília (f)	липа (ж)	[lípa]
choupo-tremedor (m)	осина (ж)	[ɔsína]
bordo (m)	клён (м)	[klǿn]
espruce-europeu (m)	ель (ж)	[élʲ]
pinheiro (m)	сосна (ж)	[sɔsná]
alerce, lariço (m)	лиственница (ж)	[lístvenitsa]
abeto (m)	пихта (ж)	[píhta]
cedro (m)	кедр (м)	[kédr]
choupo, álamo (m)	тополь (м)	[tópɔlʲ]
tramazeira (f)	рябина (ж)	[rɪbína]
salgueiro (m)	ива (ж)	[íva]
amieiro (m)	ольха (ж)	[ɔlʲhá]
faia (f)	бук (м)	[búk]
ulmeiro (m)	вяз (м)	[vʲás]
freixo (m)	ясень (м)	[jásenʲ]
castanheiro (m)	каштан (м)	[kaʃtán]
magnólia (f)	магнолия (ж)	[magnólija]
palmeira (f)	пальма (ж)	[pálʲma]
cipreste (m)	кипарис (м)	[kiparís]
mangue (m)	мангровое дерево (с)	[mángrɔvɔe dérevɔ]
embondeiro, baobá (m)	баобаб (м)	[baɔbáb]
eucalipto (m)	эвкалипт (м)	[ɛfkalípt]
sequoia (f)	секвойя (ж)	[sekvója]

143. Arbustos

arbusto (m)	куст (м)	[kúst]
arbusto (m), moita (f)	кустарник (м)	[kustárnik]

videira (f)	виноград (м)	[vinɔgrád]
vinhedo (m)	виноградник (м)	[vinɔgrádnik]

framboeseira (f)	малина (ж)	[malína]
groselheira-preta (f)	чёрная смородина (ж)	[ʧórnaja smɔródina]
groselheira-vermelha (f)	красная смородина (ж)	[krásnaja smɔródina]
groselheira (f) espinhosa	крыжовник (м)	[kriʒóvnik]

acácia (f)	акация (ж)	[akátsija]
bérberis (f)	барбарис (м)	[barbarís]
jasmim (m)	жасмин (м)	[ʒasmín]

junípero (m)	можжевельник (м)	[mɔʒevélʲnik]
roseira (f)	розовый куст (м)	[rózɔvij kúst]
roseira (f) brava	шиповник (м)	[ʃipóvnik]

144. Frutos. Bagas

maçã (f)	яблоко (с)	[jáblɔkɔ]
pera (f)	груша (ж)	[grúʃa]
ameixa (f)	слива (ж)	[slíva]

morango (m)	клубника (ж)	[klubníka]
ginja (f)	вишня (ж)	[víʃnʲa]

cereja (f)	черешня (ж)	[ʧeréʃnʲa]
uva (f)	виноград (м)	[vinɔgrád]

framboesa (f)	малина (ж)	[malína]
groselha (f) preta	чёрная смородина (ж)	[ʧórnaja smɔródina]
groselha (f) vermelha	красная смородина (ж)	[krásnaja smɔródina]

groselha (f) espinhosa	крыжовник (м)	[kriʒóvnik]
oxicoco (m)	клюква (ж)	[klʲúkva]

laranja (f)	апельсин (м)	[apelʲsín]
tangerina (f)	мандарин (м)	[mandarín]
ananás (m)	ананас (м)	[ananás]

banana (f)	банан (м)	[banán]
tâmara (f)	финик (м)	[fínik]

limão (m)	лимон (м)	[limón]
damasco (m)	абрикос (м)	[abrikós]
pêssego (m)	персик (м)	[pérsik]

kiwi (m)	киви (м)	[kívi]
toranja (f)	грейпфрут (м)	[gréjpfrut]

baga (f)	ягода (ж)	[jágɔda]
bagas (f pl)	ягоды (ж мн)	[jágɔdi]
arando (m) vermelho	брусника (ж)	[brusníka]
morango-silvestre (m)	земляника (ж)	[zemlɪníka]
mirtilo (m)	черника (ж)	[ʧerníka]

145. Flores. Plantas

flor (f)	цветок (м)	[tsvetók]
ramo (m) de flores	букет (м)	[bukét]
rosa (f)	роза (ж)	[róza]
tulipa (f)	тюльпан (м)	[tʲulʲpán]
cravo (m)	гвоздика (ж)	[gvɔzdíka]
gladíolo (m)	гладиолус (м)	[gladiólus]
centáurea (f)	василёк (м)	[vasilǿk]
campânula (f)	колокольчик (м)	[kɔlɔkólʲtʃik]
dente-de-leão (m)	одуванчик (м)	[ɔduvántʃik]
camomila (f)	ромашка (ж)	[rɔmáʃka]
aloé (m)	алоэ (с)	[alóɛ]
cato (m)	кактус (м)	[káktus]
fícus (m)	фикус (м)	[fíkus]
lírio (m)	лилия (ж)	[lílija]
gerânio (m)	герань (ж)	[gveránʲ]
jacinto (m)	гиацинт (м)	[giatsɨnt]
mimosa (f)	мимоза (ж)	[mimóza]
narciso (m)	нарцисс (м)	[nartsɨs]
capuchinha (f)	настурция (ж)	[nastúrtsija]
orquídea (f)	орхидея (ж)	[ɔrhidéja]
peónia (f)	пион (м)	[pión]
violeta (f)	фиалка (ж)	[fiálka]
amor-perfeito (m)	анютины глазки (мн)	[anʲútini gláski]
não-me-esqueças (m)	незабудка (ж)	[nezabútka]
margarida (f)	маргаритка (ж)	[margarítka]
papoula (f)	мак (м)	[mák]
cânhamo (m)	конопля (ж)	[kɔnɔplʲá]
hortelã (f)	мята (ж)	[mʲáta]
lírio-do-vale (m)	ландыш (м)	[lándɨʃ]
campânula-branca (f)	подснежник (м)	[potsnéʒnik]
urtiga (f)	крапива (ж)	[krapíva]
azeda (f)	щавель (м)	[ʃavélʲ]
nenúfar (m)	кувшинка (ж)	[kufʃɨnka]
feto (m), samambaia (f)	папоротник (м)	[pápɔrtnik]
líquen (m)	лишайник (м)	[liʃájnik]
estufa (f)	оранжерея (ж)	[ɔranʒeréja]
relvado (m)	газон (м)	[gazón]
canteiro (m) de flores	клумба (ж)	[klúmba]
planta (f)	растение (с)	[rasténie]
erva (f)	трава (ж)	[travá]
folha (f) de erva	травинка (ж)	[travínka]

folha (f)	лист (м)	[líst]
pétala (f)	лепесток (м)	[lepestók]
talo (m)	стебель (м)	[stébelʲ]
tubérculo (m)	клубень (м)	[klúbenʲ]
broto, rebento (m)	росток (м)	[rɔstók]
espinho (m)	шип (м)	[ʃip]
florescer (vi)	цвести (нсв, нпх)	[ʦvestí]
murchar (vi)	вянуть (нсв, нпх)	[vʲánutʲ]
cheiro (m)	запах (м)	[zápah]
cortar (flores)	срезать (св, пх)	[srézatʲ]
colher (uma flor)	сорвать (св, пх)	[sɔrvátʲ]

146. Cereais, grãos

grão (m)	зерно (с)	[zernó]
cereais (plantas)	зерновые растения (с мн)	[zernɔvʲie rasténija]
espiga (f)	колос (м)	[kólɔs]
trigo (m)	пшеница (ж)	[pʃɛnítsa]
centeio (m)	рожь (ж)	[róʃ]
aveia (f)	овёс (м)	[ɔvǿs]
milho-miúdo (m)	просо (с)	[prósɔ]
cevada (f)	ячмень (м)	[jɪʧménʲ]
milho (m)	кукуруза (ж)	[kukurúza]
arroz (m)	рис (м)	[rís]
trigo-sarraceno (m)	гречиха (ж)	[greʧíha]
ervilha (f)	горох (м)	[gɔróh]
feijão (m)	фасоль (ж)	[fasólʲ]
soja (f)	соя (ж)	[sója]
lentilha (f)	чечевица (ж)	[ʧeʧevítsa]
fava (f)	бобы (мн)	[bɔbī]

PAÍSES. NACIONALIDADES

147. Europa Ocidental

Europa (f)	Европа (ж)	[evrópa]
União (f) Europeia	Европейский Союз (м)	[evropéjskij sojús]

Áustria (f)	Австрия (ж)	[áfstrija]
Grã-Bretanha (f)	Великобритания (ж)	[velikobritánija]
Inglaterra (f)	Англия (ж)	[ánglija]
Bélgica (f)	Бельгия (ж)	[bélʲgija]
Alemanha (f)	Германия (ж)	[germánija]

Países (m pl) Baixos	Нидерланды (мн)	[niderlándɨ]
Holanda (f)	Голландия (ж)	[golándija]
Grécia (f)	Греция (ж)	[grétsija]
Dinamarca (f)	Дания (ж)	[dánija]
Irlanda (f)	Ирландия (ж)	[irlándija]
Islândia (f)	Исландия (ж)	[islándija]

Espanha (f)	Испания (ж)	[ispánija]
Itália (f)	Италия (ж)	[itálija]
Chipre (m)	Кипр (м)	[kípr]
Malta (f)	Мальта (ж)	[málʲta]

Noruega (f)	Норвегия (ж)	[norvégija]
Portugal (m)	Португалия (ж)	[portugálija]
Finlândia (f)	Финляндия (ж)	[finlʲándija]
França (f)	Франция (ж)	[frántsija]

Suécia (f)	Швеция (ж)	[ʃvétsija]
Suíça (f)	Швейцария (ж)	[ʃvejtsárija]
Escócia (f)	Шотландия (ж)	[ʃotlándija]

Vaticano (m)	Ватикан (м)	[vatikán]
Liechtenstein (m)	Лихтенштейн (м)	[lihtɛnʃtæjn]
Luxemburgo (m)	Люксембург (м)	[lʲuksembúrg]
Mónaco (m)	Монако (с)	[monáko]

148. Europa Central e de Leste

Albânia (f)	Албания (ж)	[albánija]
Bulgária (f)	Болгария (ж)	[bolgárija]
Hungria (f)	Венгрия (ж)	[véngrija]
Letónia (f)	Латвия (ж)	[látvija]

Lituânia (f)	Литва (ж)	[litvá]
Polónia (f)	Польша (ж)	[pólʲʃa]

Roménia (f)	Румыния (ж)	[rumīnija]
Sérvia (f)	Сербия (ж)	[sérbija]
Eslováquia (f)	Словакия (ж)	[slɔvákija]

Croácia (f)	Хорватия (ж)	[hɔrvátija]
República (f) Checa	Чехия (ж)	[tʃéhija]
Estónia (f)	Эстония (ж)	[ɛstónija]

Bósnia e Herzegovina (f)	Босния и Герцеговина (ж)	[bósnija i gertsɛgɔvína]
Macedónia (f)	Македония (ж)	[makedónija]
Eslovénia (f)	Словения (ж)	[slɔvénija]
Montenegro (m)	Черногория (ж)	[tʃernɔgórija]

149. Países da ex-URSS

| Azerbaijão (m) | Азербайджан (м) | [azerbajdʒán] |
| Arménia (f) | Армения (ж) | [arménija] |

Bielorrússia (f)	Беларусь (ж)	[belarúsʲ]
Geórgia (f)	Грузия (ж)	[grúzija]
Cazaquistão (m)	Казахстан (м)	[kazahstán]
Quirguistão (m)	Кыргызстан (м)	[kirgizstán]
Moldávia (f)	Молдова (ж)	[mɔldóva]

| Rússia (f) | Россия (ж) | [rɔsíja] |
| Ucrânia (f) | Украина (ж) | [ukraína] |

Tajiquistão (m)	Таджикистан (м)	[tadʒikistán]
Turquemenistão (m)	Туркмения (ж)	[turkménija]
Uzbequistão (f)	Узбекистан (м)	[uzbekistán]

150. Asia

Ásia (f)	Азия (ж)	[ázija]
Vietname (m)	Вьетнам (м)	[vjetnám]
Índia (f)	Индия (ж)	[índija]
Israel (m)	Израиль (м)	[izráilʲ]

China (f)	Китай (м)	[kitáj]
Líbano (m)	Ливан (м)	[liván]
Mongólia (f)	Монголия (ж)	[mɔngólija]

| Malásia (f) | Малайзия (ж) | [malájzija] |
| Paquistão (m) | Пакистан (м) | [pakistán] |

Arábia (f) Saudita	Саудовская Аравия (ж)	[saúdɔfskaja arávija]
Tailândia (f)	Таиланд (м)	[tailánd]
Taiwan (m)	Тайвань (м)	[tajvánʲ]
Turquia (f)	Турция (ж)	[túrtsija]
Japão (m)	Япония (ж)	[jɪpónija]
Afeganistão (m)	Афганистан (м)	[afganistán]
Bangladesh (m)	Бангладеш (м)	[bangladéʃ]

Indonésia (f)	Индонезия (ж)	[indɔnézija]
Jordânia (f)	Иордания (ж)	[iɔrdánija]
Iraque (m)	Ирак (м)	[irák]
Irão (m)	Иран (м)	[irán]
Camboja (f)	Камбоджа (ж)	[kambódʒa]
Kuwait (m)	Кувейт (м)	[kuvéjt]
Laos (m)	Лаос (м)	[laós]
Myanmar (m), Birmânia (f)	Мьянма (ж)	[mjánma]
Nepal (m)	Непал (м)	[nepál]
Emirados Árabes Unidos	Объединённые Арабские Эмираты (мн)	[ɔbjedinǿnnie arápskie ɛmiráti]
Síria (f)	Сирия (ж)	[sírija]
Palestina (f)	Палестина (ж)	[palestína]
Coreia do Sul (f)	Южная Корея (ж)	[júʒnaja kɔréja]
Coreia do Norte (f)	Северная Корея (ж)	[sévernaja kɔréja]

151. América do Norte

Estados Unidos da América	Соединённые Штаты (мн) Америки	[sɔedinǿnnie ʃtáti amériki]
Canadá (m)	Канада (ж)	[kanáda]
México (m)	Мексика (ж)	[méksika]

152. América Central do Sul

Argentina (f)	Аргентина (ж)	[argentína]
Brasil (m)	Бразилия (ж)	[brazílija]
Colômbia (f)	Колумбия (ж)	[kɔlúmbija]
Cuba (f)	Куба (ж)	[kúba]
Chile (m)	Чили (ж)	[tʃíli]
Bolívia (f)	Боливия (ж)	[bɔlívija]
Venezuela (f)	Венесуэла (ж)	[venesuǽla]
Paraguai (m)	Парагвай (м)	[paragváj]
Peru (m)	Перу (с)	[perú]
Suriname (m)	Суринам (м)	[surinám]
Uruguai (m)	Уругвай (м)	[urugváj]
Equador (m)	Эквадор (м)	[ɛkvadór]
Bahamas (f pl)	Багамские острова (ж)	[bagámskie ɔstrɔvá]
Haiti (m)	Гаити (м)	[gaíti]
República (f) Dominicana	Доминиканская республика (ж)	[dɔminikánskaja respúblika]
Panamá (m)	Панама (ж)	[panáma]
Jamaica (f)	Ямайка (ж)	[jımájka]

153. Africa

Egito (m)	Египет (м)	[egípet]
Marrocos	Марокко (с)	[marókɔ]
Tunísia (f)	Тунис (м)	[tunís]
Gana (f)	Гана (ж)	[gána]
Zanzibar (m)	Занзибар (м)	[zanzibár]
Quénia (f)	Кения (ж)	[kénija]
Líbia (f)	Ливия (ж)	[lívija]
Madagáscar (m)	Мадагаскар (м)	[madagaskár]
Namíbia (f)	Намибия (ж)	[namíbija]
Senegal (m)	Сенегал (м)	[senegál]
Tanzânia (f)	Танзания (ж)	[tanzánija]
África do Sul (f)	ЮАР (ж)	[juár]

154. Austrália. Oceania

Austrália (f)	Австралия (ж)	[afstrálija]
Nova Zelândia (f)	Новая Зеландия (ж)	[nóvaja zelándija]
Tasmânia (f)	Тасмания (ж)	[tasmánija]
Polinésia Francesa (f)	Французская Полинезия (ж)	[frantsúskaja polinǽzija]

155. Cidades

Amesterdão	Амстердам (м)	[amstɛrdám]
Ancara	Анкара (ж)	[ankará]
Atenas	Афины (мн)	[afíni]
Bagdade	Багдад (м)	[bagdád]
Banguecoque	Бангкок (м)	[bankók]
Barcelona	Барселона (ж)	[barselóna]
Beirute	Бейрут (м)	[bejrút]
Berlim	Берлин (м)	[berlín]
Bombaim	Бомбей (м)	[bɔmbéj]
Bona	Бонн (м)	[bónn]
Bordéus	Бордо (м)	[bɔrdó]
Bratislava	Братислава (ж)	[bratisláva]
Bruxelas	Брюссель (м)	[brʲusélʲ]
Bucareste	Бухарест (м)	[buharést]
Budapeste	Будапешт (м)	[budapéʃt]
Cairo	Каир (м)	[kaír]
Calcutá	Калькутта (ж)	[kalʲkútta]
Chicago	Чикаго (м)	[tʃikágɔ]
Cidade do México	Мехико (м)	[méhikɔ]
Copenhaga	Копенгаген (м)	[kɔpengágen]

Dar es Salaam	Дар-эс-Салам (м)	[dár-ɛs-sálam]
Deli	Дели (м)	[dǽli]
Dubai	Дубай (м)	[dubáj]
Dublin, Dublim	Дублин (м)	[dúblin]
Düsseldorf	Дюссельдорф (м)	[dʲúselʲdɔrf]
Estocolmo	Стокгольм (м)	[stɔggólʲm]
Florença	Флоренция (ж)	[flɔrénʦija]
Frankfurt	Франкфурт (м)	[fránkfurt]
Genebra	Женева (ж)	[ʒenéva]
Haia	Гаага (ж)	[gaága]
Hamburgo	Гамбург (м)	[gámburg]
Hanói	Ханой (м)	[hanój]
Havana	Гавана (ж)	[gavána]
Helsínquia	Хельсинки (м)	[hélʲsinki]
Hiroshima	Хиросима (ж)	[hirɔsíma]
Hong Kong	Гонконг (м)	[gɔnkóng]
Istambul	Стамбул (м)	[stambúl]
Jerusalém	Иерусалим (м)	[ierusalím]
Kiev	Киев (м)	[kíef]
Kuala Lumpur	Куала-Лумпур (м)	[kuála-lúmpur]
Lisboa	Лиссабон (м)	[lisabón]
Londres	Лондон (м)	[lóndɔn]
Los Angeles	Лос-Анджелес (м)	[lɔs-ánʒeles]
Lion	Лион (м)	[lión]
Madrid	Мадрид (м)	[madríd]
Marselha	Марсель (м)	[marsǽlʲ]
Miami	Майами (м)	[majámi]
Montreal	Монреаль (м)	[mɔnreálʲ]
Moscovo	Москва (ж)	[mɔskvá]
Munique	Мюнхен (м)	[mʲúnhen]
Nairóbi	Найроби (м)	[najróbi]
Nápoles	Неаполь (м)	[neápɔlʲ]
Nice	Ницца (ж)	[níʦa]
Nova York	Нью-Йорк (м)	[nju-jórk]
Oslo	Осло (м)	[óslɔ]
Ottawa	Оттава (ж)	[ɔttáva]
Paris	Париж (м)	[paríʃ]
Pequim	Пекин (м)	[pekín]
Praga	Прага (ж)	[prága]
Rio de Janeiro	Рио-де-Жанейро (м)	[río-dɛ-ʒanǽjrɔ]
Roma	Рим (м)	[rím]
São Petersburgo	Санкт-Петербург (м)	[sánkt-peterbúrg]
Seul	Сеул (м)	[seúl]
Singapura	Сингапур (м)	[singapúr]
Sydney	Сидней (м)	[sídnej]
Taipé	Тайпей (м)	[tajpéj]
Tóquio	Токио (м)	[tókia]
Toronto	Торонто (м)	[tɔróntɔ]

Varsóvia	**Варшава** (ж)	[varʃáva]
Veneza	**Венеция** (ж)	[venétsija]
Viena	**Вена** (ж)	[véna]
Washington	**Вашингтон** (м)	[vaʃinktón]
Xangai	**Шанхай** (м)	[ʃanháj]

www.ingramcontent.com/pod-product-compliance
Lightning Source LLC
Chambersburg PA
CBHW070555050426
42450CB00011B/2871